2021
世紀大轉折

財富又將重分配

林隆炫
蔡茂林 合著

百年一遇的投資盛宴，你準備好了嗎？
你這輩子財富的成功或失敗就在此一役！

目錄
CONTENTS

PART 1
■宇宙法則 　　蔡茂林
其實，重力才是上帝！

目 錄
CONTENTS

PART 2

■宇宙密碼   林隆炫
抓住波浪，實現財富自由人生

PART 3

■ 台股見證   林隆炫
歷史浮沉，看見波浪理論的偉大

目 錄
CONTENTS

PART 4

■鑑往知來　　　　　　　　　　　　蔡茂林
大國競爭與世界秩序重整

目錄
CONTENTS

PART 5
■ 健康養生　　　　　　　　　　　　　　蔡茂林
對數螺線、費氏數列影響你的一生

附錄
■兩位89歲偉人帶給我們的啟示   蔡茂林

波浪理論
就將重新輝煌的時刻

金 淼

　　30多年前，波浪理論曾是台灣最熱門的股市分析工具，但也沉默了好多年，最近隆炫兄公開提出「2021大轉折論」，似乎又引動了波浪理論能夠規畫長期未來趨勢的「神經」；不管你信不信，波浪理論能存在於股市超過百年，想必是有它「未卜先知」的能耐。

　　記得「證思會」（證券分析師聯誼會）在30多年前的一次例行聚會上，幾位熟稔波浪理論的分析師，為了第4波折回的低點能不能與第1波高點重疊，展開了大論戰。一時風起雲湧，各個據理力爭，也各自翻箱倒櫃引經據典，甚至搬出了國內外股市歷史紀錄，套入波浪軌跡，來證明自己立論的正確性。

　　最後的結論，我已不記得了！但我卻不能忘記，那一次波浪理論所引爆的熱潮與深度研究的氣氛，除了顯見30多年前就在邁向12682點高峰的前後，分析師界的朋友各個努力不懈、精益求精，企圖準確的掌握住未來的趨勢轉折，這些朋友不論至今還在不在證券業，相信一定都會記得那一段瘋狂而又輝煌的日子。

　　當年那批爭論波浪理論結構細節的分析師裡，當然少不了隆炫兄，而且還是主力戰將，記得那時至少有將近10位分析師，專研波浪理論而成高手，每一次證思會的聚會都爭相上台發表高見，有些更搬上了海螺圖、星河圖、埃及金字塔圖，熱況空前。

　　但至今30多年過去了，股海滄桑，只有「老兵」炫哥堅持至今，不但持續在波浪理論中摸索，甚至用波浪理論規畫到明年（2021年）的行情大轉折。我真的要說一句：我不能不佩服炫哥對波浪理論的忠誠，當然我也同時謝謝炫哥，20多年來對「非凡電視」的忠誠。

　　當股友看到一套股市研判工具時，第1個疑問就是「準不準」？就我觀察市場對波浪理論的反應也是見仁見智，其原因就是因為它是一套比較複雜、而且是長線觀測的工具，一般沒

有耐心、甚至比較講究速成的分析者是不太會下工夫研究的，因為它的「效果」是要等待較長的時間才能印證，可是我也發現一些老牌分析師，在講述大盤的過程中，會不經意的提到，目前正是處於波浪中的第幾波、而後大盤會走向何方，由此看出真正經驗老到的分析者，心中會有把「波浪」的尺，知道自己正在哪裡，未來將往哪裡去！

其實波浪理論的重點是趨勢與波段的掌握，所以也並非只是長線可用，在波與浪之間對中短線的操作來說，也有很大的研判助益。不過我還是要說一句，長線獲利一定比短線多，一條繩子剪成很多段，絕對不會比原來長，因為您不可能每一次的進出都是贏家。

波浪理論不只是1-2-3-4-5波的循環延伸，還需加入「宇宙密碼」費氏數列、黃金切割率等，因為這些密碼，是物理原理及人類心理的共同意識。這些年炫哥的研判導入了時間轉折的規畫，使時間與空間合而為一，也就更能掌握趨勢大方向。

很多不太信波浪理論的人認為，它有點「玄」，而且循環週期延伸得很長，似乎等不及要看到結果。但這次跟炫哥同寫這本巨著的蔡茂林醫師，卻是發現了波浪理論就

是因為它的週期比較長，同時還可以運用規畫到我們人生的轉折與大環境的天災人禍。

　　前些年我就聽炫哥談起過這位蔡醫師是位「波浪迷」，甚至拿波浪理論與宇宙密碼，套入了人生、命運、國運、天運，真是太神奇了！由此可見，波浪理論與宇宙密碼的原理來自於宇宙的天行運轉，而延伸出時間與空間的相互關係，這些關係的牽扯，也就會影響到大環境時空的變遷與個人命運的改變，尤其這些理論都是經過科學論證過的物理現象，卻不是自古口口相傳的「經驗的法則」。

　　看到蔡茂林醫師與隆炫兄的巨作，最讓我感佩的是，這本書的內容完全是他倆針對同一主題，經過多年研究的心得而引生的論述，雖不見得完美無瑕，但至少是個論點、是個開創，是個讓閱讀者學習的範本，甚至是文明的傳遞，當然最可貴的是他們白紙黑字對未來做了大膽的預測，似乎看到了現階段動亂詭譎的大環境，與波濤洶湧的股市大行情，未來最終將發生什麼事？

非凡電視台執行長

寫於2020/8/15

用宇宙之道
縱橫投資界

　　這本書得以誕生，是因緣際會結合了台灣股市的發展史。首先要感謝的是，非凡電視台的黃崧董事長和他建構出來的華人首屈一指的財經平台。其次則是非凡電視台執行長暨《非凡商業周刊》總策劃──金淼先生，他首開投資分析風氣之先。

　　同時，最令人感佩、也最可貴的是，他們共同秉持的公正、公開、誠信的核心價值，擺脫了金融市場利害現實的致命傷，這正是非凡電視台得以蓬勃發展的關鍵所在。

　　余畢生致力市場投資分析四十載。自認宇宙真理就在其中。20年前有幸結識蔡茂林醫師，承蒙其致贈大著《宇宙密碼與波浪人生》一書，拜讀後驚喜交加，深感「德不

孤，必有鄰」，英雄所見略同。我們的想法和看法可謂「殊途同歸、萬流歸宗」，大感「知音難尋」，彼此遂成好友，共同鑽研此道。

所以可以這樣說，我倆共有的「這把劍」，在20年前已成形，但為求慎重，兩人合體練劍，經過這20年的互相砥礪、精進，只可用「鋒芒漸露、至今大成」這8個字形容。

如今，我們勇於合著本書《2021世紀大轉折》，冥冥之中自有天意定數。我們兩個人以一甲子的親身實戰體驗，透過此書與有志者分享，望來者以此為開端，探究宇宙真理，發揚光大是幸。

關於本書，可謂融合了「波浪理論」與「道氏理論」兩者的精髓，加上筆者在「時間概念」上長達30年的探究、運用及實戰的經驗，自認能有效地實踐宇宙奧秘，掌握金融市場的脈動；並希望能留一鴻爪，獲得大眾的回響。

我們也深信本書對於有志者日後的研究實踐，當能發揮「他山之石，可以攻錯」的一定助益。

研讀此書，必先放空自我，始能竟其功

百年大轉折
一生一次機遇

蔡茂林

　　認識林隆炫先生（我都稱他為「林大師」）是在20餘年前的一場演講會上，我在台下聆聽他介紹一些波浪理論的基本常識。

　　由於學醫的我，一直對生物的黃金比例（重力場、對數螺線、費氏數列等，都是同一個概念）構造感到興趣，但沒想到居然還能運用到股票走勢的波浪上！這對我來說實在是太意外又太驚喜了。

　　原來，「時間」的轉折反而是最大的重點。在聽到這番言論的當下，一下子就使我「頓悟」了生命走勢的「對數螺線」型態。

　　當年，我毅然決然在55歲時退休，運動、讀書、旅行

成了日常工作；10餘年前我出版了《宇宙密碼與波浪人生》一書，就送了1本給林大師，他非常喜歡，從此以後，我們總是「偶爾」會小聚一番，互相交換波浪理論的心得與看法。

我雖然也有買賣股票，但從來沒有向林大師問過任何一次「明牌」，而且，據我所知，林大師雖然自己分析股票，但他非常謹守分際，從不買賣股票。

因此，我們每次小聚，話題總是聚焦在波浪理論、費氏數列與重力場等自然定律上，互相切磋新的心得與研究發現，這不正驗證了「君子之交淡如水」這句話嗎？

直到1年多前的一次小聚上，我們討論到2021年可能要發生的「世紀大轉折」，由於這是百年一遇的大變局，既然我們有幸預測到並且能夠適逢其會、親身體驗，那麼何不趁著這個時候出本書，與大家分享我們多年來的研究？於是，這本《2021世紀大轉折》就這樣誕生了。

在本書中，以我們兩個人的看法、經驗及多年研究成果，提供給大家參考，不只權當紀念能躬逢這場無比難得的百年大轉折盛宴，更為可以在彼此的人生加油添醋一番。

話說，2020年新冠肺炎疫情的爆發，讓所有的分析、理論都不管用了。由於我跟林大師都明瞭高點未到，這些事情則更

耐人尋味了！也更加深了我們對宇宙大自然力量的敬畏與不可抗拒的信念。

而藉由本書正好能夠提供大家一些觀點與看法，讓投資大眾參考，並希望大家都能因此得益。

此外，我行醫已50年，上了年紀以後，得過各種病痛，有幸終能逐一克服，因此，在本書中也將這些養身的心得提供出來。除了闡述對數螺線與基因及健康的關係之外，還將糖尿病、痛風、冠心病、關節炎等一一被自己克服的病痛上有關之調養、恢復心得彙整出來，另外，再加上失智症、骨質疏鬆、健忘症及肌少症等老年人最常見的疾患，逐一說明調養身體的方式，並在結尾處提出照護老年健康的一些要點。

在這裡還是要提醒大家，
「健康」終究才是最重要的財富啊！

最後，還要特別感謝林大師對我的信任，使得本書得以付梓。此外要跟讀者說明的是：書中許多有關波浪理論的實證與運用，可以說是林大師30、40年來的功力精華所

在。當1938年艾略特（Ralph Nelson Elliott）發表波浪理論之後，波浪理論就成為了證券技術分析的主要理論之一，由於它可以有向前延伸的可預測性，因此許多分析師用之以推論，卻發現常常失準，但是你事後回顧，又可發現確實是依循波浪的法則，這是怎麼回事？

10餘年前，跟林大師切磋之後，發現「時間」的轉折才是波浪理論的精華所在，如何抓對時間轉折，據此向前推論，常有神奇的效果。

林大師多年來反覆測試，並把這寶貴的經歷記錄下來，做為有興趣鑽研波浪理論者的無價之教材，也彌補了艾略特當年發表的波浪理論之重大不足之處。因此，這本書說是「波浪理論4.0進化版」絕不為過，更是比任何一本標榜「股票操作」的書都還要不同。

能擁有此書，向您道賀。

2021
世紀大轉折

其實，重力才是上帝！

◆ 蔡茂林

重力是構成宇宙的基本原則，
它影響地球生物的演化，
對人類探索對數螺線、
費氏數列的進程發展亦有深遠影響。

重力無所不在
主導宇宙法則

我們認為日常生活中最無可懷疑、最正常的事情，其實才是最異常、最重要的祕密，因為不會令人懷疑，重力就是如此。它有如空氣、陽光、水一般永恆存在，是我們生存的基石，以至於我們反而喪失了對它的警覺性，認為「一切自然」。其實，自然的才不自然，驚天大祕密隱藏其中，「重力才是上帝」。本單元說明重力的影響力才是真正的上帝，並說明對數螺線與費氏數列是如何產生的，以及兩者的重要性。

誰才是宇宙的主宰？很多人說是上帝，這說法屬於宗教上的性質，過於抽象，真正現實中的一切主宰應該是我們向來視為理所當然的「重力」才對。所以，我們也可以說，愈是理所當然的愈重要，而重力顯然重於一切。

探索重力的來源

請大家務必好好思考以下這幾個事情。為何大到由3000億顆星球組成的螺旋星系、半徑可達數百公里的颶風，小到海邊的1顆海螺，都會長成同一個模樣呢？這是一股什麼力量造成的？可以使10萬光年直徑大小的星系按照它的意思形成螺旋形，現代的科學告訴我們，那就是「重力」。

自然界有4大基本交互作用力：

重力、電磁力、弱交互作用力及強交互作用力

重力是其中最弱的一種，但同時也是最有效的長程作用力，在現代物理學中，愛因斯坦的「廣義相對論」對重力的描述最精確，認為「重力反映了物體在時空中扭曲的程度，重力愈重，扭曲程度愈大」，這解釋適用於全宇宙。在地球上，牛頓的萬有引力定律則是對重力最好的描述。

重力（Gravity）基本上是指擁有質量的物體之間相互吸引的作用力，一般也認為是物體重量的來源，可以說是宇宙最重要的力量。在宇宙中，重力讓物質聚集而形成星球、恆星、星系、星團等各種天體，同時也讓天體之間相互吸引，形成按照軌道運轉的宇宙天體系統。

▲圖1-1：地球、月亮、太陽相互運行形成時間（年、月、日），而這3個星球只不過占有星系的一個角落，所以，星系重力場（對數螺線型態）也是地球上時間運行型態。

　　在地球上，地球對地面附近物體存在的萬有引力使物體有了重量，並使物體朝著地面落下，這也是我們為什麼不會被拋飛到太空的原因。此外，月球以及太陽對地球上的海水也會產生重力的影響，形成我們所謂的潮汐。在認知上，一般認為重力和萬有引力是一樣的，實則不然。

　　另外，在太陽等恆星中，則因為本身的重力，使恆星內部處於高溫、高壓的狀態之中，並產生核融合反應，放射出

光、熱及巨大的能量。

物體的質量愈重，重力就愈大，在宇宙中有1000億個星系團和無數個星球，同時都受重力的影響而存在與運作，就知道重力是無所不在的，其所產生的影響力自然也是無遠弗屆的，因此，我們才敢說「重力是主宰一切的上帝」。

知識小百科

重力≠萬有引力

一般都以為重力就是萬有引力，但其實兩者不太一樣。
重力是由於地球的質量而產生的吸引力，但並不是地球對物體的萬有引力，而只是萬有引力的一個分力。萬有引力是重力加上向心力的結果，而向心力的產生則是因為地球自轉的關係。

重力和萬有引力的公式如下：

重力：$G=mg$
萬有引力：$F=GMm/r^2$

簡單來說，重力只有在地球的南、北兩極因為沒有向心力，所以才會和萬有引力相等，在其他地方則都不相等，但因為兩者相差很小，只有1/293的差距，所以，「不考慮地球自轉的話，重力是等於萬有引力的」。

　　因為重力作用是透過空間傳遞的，物質或天體周圍會根據物體本身質量大小，形成大小不一的「重力場」，同時，質量愈重，重力場就愈大。所以，這些重力場會因為物體本身的運動或震動產生不同的變化。

　　根據愛因斯坦在「廣義相對論」中對重力場的諸多描述，我們從而對重力場有了更多的認識，並依據這個理論，也對物質形成星球與星系的過程，乃至整個宇宙的過程，有了更深入的認識。

　　此外，「廣義相對論」影響最重大的莫過於，它在牛頓力學的三度空間上增加了一個時間的維度，成為了四度空間的思考模式，從而清楚解釋了時間的改變如何同時改變重力場形成的空間扭曲，如何透過空間向周圍擴散。因此，研究宇宙哪個地方發生了這類重力場的時間變化，自然也就可以了解造成其變化的各種物理現象。

　　總之，我們生存的地球就處在宇宙的重力場中，因此，地球上的一切物質，自然也都不得不受到這股無形卻無所不在的重力所支配。

　　簡單地說，牛頓力學的時間和空間都是站在地球上的角度觀察宇宙的運行，所以，時間、空間有一定的絕對值，對速度也有一定的絕對值，如此才得以解析各種力量和大致的物理現象，形成了我們認為的「常識」。但是，愛因斯坦則是站在更大、更廣闊的宇宙空間來看地球上的「時」、「空」。

　　我們在地球上感覺到的時間就是日、月、年…等地球運動產生的規律變化；但是，如果站在太陽系外，時空就會受到重力場影響而發生扭曲，同時，速度和觀察者的位置有關，是相對的，而非絕對的，比如說，你站在這列火車上，看著對向的火車行駛過來，速度就會感覺飛快，拿測速槍一測就會發現，這時候的速度是兩者相加，但如果是同向，速度則是相減，就是這個道理。

　　時空扭曲在地球上影響不大，因為我們都身處同樣的地方（地球），但如果要發射人造衛星或太空船的話，軌道的計算就必須用「相對論」的觀念修正地球上的「絕對時空」，否則就會出現誤差。這樣看來，愛因斯坦的理論使人類在「宇宙學」上邁出了一大步。

▲ 圖1-2：愛因斯坦（左）與牛頓（右）為改變我們對時空看法的兩大巨擘。

宇宙誕生的起點

　　相較於地球乃至於人類的誕生，我們了解的宇宙年齡已經有137億年之久，但是，整個宇宙的大小以我們人類目前的科技和認知來說，可以說是無限大，因為，宇宙的浩瀚無垠，是現在的科學工具無法探知的！

　　一直到20世紀初，愛因斯坦的「廣義相對論」提出之後，太空物理學的主要研究架構才得以成形，但是，仍然有許多尚未解決的問題，人類對宇宙的探索還是得一步一步往前走。

　　1926年，美國天文學家愛德溫・哈伯（Edwin Powell

Hubble，1889年～1953年）從46個星系的光譜測定上發現，遠方的星系正在離我們遠去，於是促成了「宇宙膨脹論」的出現。

1948年，美籍俄裔的天文物理學家喬治・加莫夫（George Gamow，1904年～1968年）將相對論導進宇宙學中，並發表了「大霹靂宇宙論」，認為宇宙是由一場大爆炸之後陸續形成的。

隨後，這個理論藉著觀察宇宙中的微波背景輻射和氦存量而得到證實。接著，在這個理論出爐之後，各種相關的宇宙誕生理論應運而生，形成了天體物理學的快速進步。

然後，2001年「WMAP科學衛星」的觀測結果，也證實了宇宙膨脹的事實，使得這個理論已經成為目前世界上最被廣泛接受的宇宙創生理論。

既然宇宙繼續在膨脹，那麼我們反推回去，就可以說宇宙創生之初只是「1個點」──我們稱之為「重力奇異點」，體積不到10^{-33}公分，並且帶有無限巨大的能量，溫度超過1兆

度，然後突然之間爆炸、膨脹，能量轉化成物質，稱為「原始物質」。

原始物質形成了夸克與輕子，開始產生重力作用，進而出現強核力、電磁力與弱核力，並形成質子、中子乃至於原子、分子，接著再創造出各種元素與物質，這就是「演化」的過程，直到今天仍然沒有停止，一直持續著。也就是說，宇宙中的一切物質都在「重力」的支配下，不斷運動和演變，未曾改變。

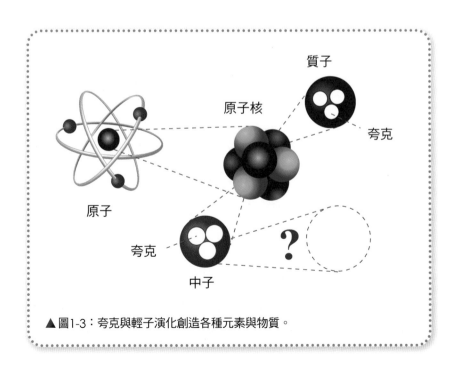

▲ 圖1-3：夸克與輕子演化創造各種元素與物質。

　　接下來，我們來說說宇宙的構成。老祖宗的智慧是非常驚人的，早就知道宇宙是包含時間與空間的地方，因此，我們才會有所謂的「上下四方曰宇，古往今來曰宙」的說法。「宇」代表上下四方，也就是空間；「宙」代表古往今來，也就是時間。

　　這比上面提到的愛因斯坦20世紀上葉才提出的「廣義相對論」、關於時間與重力關係的論述早上了好幾千年，當然，愛因斯坦的論述具科學性與邏輯推論性，具有改變世界觀與宇宙觀的貢獻，這是我們要學習的地方。

　　話說回來，今日我們已知宇宙中有1000億個星系團，一個星系團是由數十個到數萬個數量不等的星系組成，我們的太陽系就位於一個被稱為「本星系團」裡面，這個星系團由20多個星系組成，我們的銀河系就是其中一個星系，至於有數萬個星系的星系團中最有名的就是「處女座星系團」。

　　銀河系是一個螺旋星系，太陽系則位在其中一個旋臂上，以太陽為中心，有9大行星（雖然2006年冥王星被降級為矮行星，變成8大行星，但近年來科學家研究認為，太陽

系有第9行星的存在）環繞，地球則是第3顆行星。

　　銀河系約有4000億顆不同種類的恆星，其旋臂會緩慢旋轉，轉1圈約要2億5000萬年，至於離銀河系最近的鄰居星系是仙女座星系（M31），也是非常漂亮的螺旋星系。

　　因此，綜合一下宇宙的組織構成單位，依序由小到大就是：地球（行星）→太陽和太陽系（恆星）→銀河系（星系）→本星系團（星系團）→宇宙。

▲圖1-4：銀河系是一個螺旋星系，而太陽系位在銀河系其中一個旋臂上。

重力隱藏的祕密

在晴朗的夏夜，我們可以看到由天空的南邊跨過天頂延續到東北邊的銀河，這就是由我們地球所處的銀河系大多數的恆星所組成的。星系依照形狀大致可分為橢圓星系、螺旋星系和不規則星系等3類。

銀河系及仙女星系都屬於螺旋星系，而螺旋星系中心部位的球狀核球大多是年老的紅色恆星，旋臂則是由年輕的藍色星球與星際雲氣形成，是屬於較年輕、正在成長的部分。這點與地球上的颶風、颱風和熱帶風暴一樣，都是由赤道附近形成核心，一路吸收海上的水氣、能量，然後慢慢地長大、移動。

另外，海螺的成長也是一樣的道理，其在由小到大發育的過程中，也都是遵循著螺旋狀的成長，身體半徑一路按照著固定比率慢慢擴增、長大。其實，這就是地球上所有生物成長的雛形以及縮影，只是很多生物將這種螺旋形演化的方式轉變成為其他模式，所以，如果我們仔細分析就會發現，即使是人類，從基因開始到成人，也是按照這個邏輯性在發展的。

　　究其原因，這都是「重力」造成的。因為重力，形成了宇宙，也因為重力，形成了螺旋密碼和費氏數列，使得地球得以發展成為現在這個適合生物生存的環境，人類也才能夠發展出特有的文明系統。

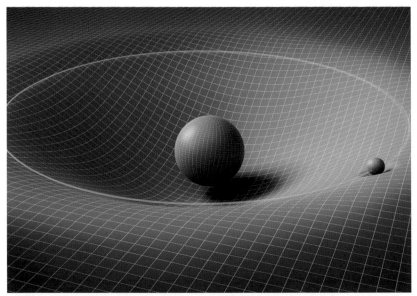

▲圖1-5：重力場才是無形且實質主宰宇宙演變的黑手。

　　這都和重力有關。因為，地球上的大型氣旋除了颶風、颱風和熱帶氣旋是標準的對數螺線型態外，小型的水中漩渦、龍捲風，甚至南、北兩極的「極地漩渦」也都是對數螺線。以極地漩渦來說，在金星、火星、木星，甚至土星的衛星泰坦星上，都可以觀測到這種現象，可見在太陽系或銀河

系中，重力場的重力作用結果就是以對數螺線呈現，這點是非常明確的。

　　既然宇宙和地球的演化都受到重力場的影響，那麼，地球上一切物質和所有生物的演化，當然也受到這個影響才是，對我們這些歷史有限的人類來說，這些結果於是就成為了一種「自然的結果」。

　　同時，根據愛因斯坦「廣義相對論」談到的「時空一體論」來看，生物的演化、人類文明歷史的演化，其背後的原動力就是「呈現對數螺線型態的重力場」。

宇宙基本原則
對數螺線與費氏數列

這兩者表現出來的現象，其實就是「大自然規律」。這規律隱藏主宰宇宙發展的祕密，換句話說，這些規律才是構成宇宙的基本原則，惟有了解這些基本原則，才能夠進一步了解地球、生物和人類的命運。

對數螺線 VS. 黃金分割

這兩個概念是一為二、二為一的事情，也是人類探索費氏數列發展的同時，另外一個影響深遠的進程。

● 對數螺線

雖然螺旋星系、颶風和颱風以及海螺⋯等其他眾多自然現象都擁有所謂的「對數螺線」（Logarithmic Spiral），但是，這個名詞直到18世紀才由著名的數學家丹尼爾・伯努利

（Daniel Bernoulli，1700年～1782年）所提出。

▲圖1-6：颱風、海螺是大自然和生物界象徵對數螺線的兩大代表。

　　不過，人類注意到這個現象根源可以追溯至西元前300年左右的大數學家歐幾里德（Euclid，西元前325年～270年）所著的《幾何原本》，他在這本偉大的著作中提到了所謂的「比例分割」問題，我們分析如下。

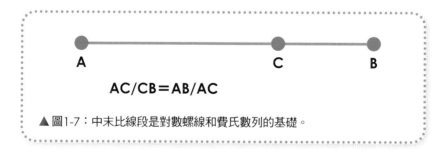

▲圖1-7：中末比線段是對數螺線和費氏數列的基礎。

　　如上圖，如果一個線段的AC/CB＝AB/AC，這個比值稱為「中末比」，但歐幾里德如何找到這個關鍵的C點已無可考了，推論起來極可能是從人體比例而來。

知識小百科

對數螺線數字化

我們依據AC/CB＝AB/AC為假設前提，可以得到以下數字：

若設CB＝1，中末比x（AC）＝x/1＝x＋1/x

可整理成一元二次方程：$x^2-x-1=0$，$x=\dfrac{1+\sqrt{5}}{2}$

答案為1.6180339887…

AC×AC即x^2＝2.6180339887…

1/AC即$\dfrac{1}{x}$＝0.6180339887…

結果就等於AC：CB＝1.6180339887…：1

所有小數點後面數字都相同！非常神奇。同時，由此還延伸出了許多繪畫、建築…等多方面的相關作品，難怪會有「上帝傑作」、「黃金比例」、「黃金分割」等諸多讚美之詞的出現。

　　我們可以將人體從頭到腳的身長設為1，肚臍就是這個C點，為什麼這麼巧合呢？這是因為人體就是按照對數螺線的成長模式而設計的，由基因的設定開始就按照這個規律在走。再看人體四肢、手肘、膝關節的位置，也都剛好在C點，四肢運動的法則更都暗含對數螺線，如此一來，正好可以對抗「重力」的影響。

　　甚至有人認為，因為呼吸運動是生命所繫，因此，咽喉的位置也正在人體上半身的C點上，至於肺葉為何是不對稱

的左2葉、右3葉，也和對數螺線有關。

同時，當我們知道這個中末比值之後，依照這個方式就可以做出最好看和優美的矩形及黃金三角形，再分別畫出如下圖的對數螺線標準圖形。

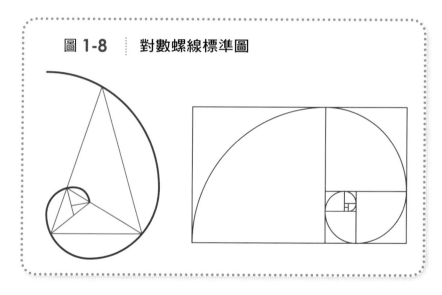

圖 1-8 | **對數螺線標準圖**

● 黃金分割

當人類發現對數螺線，並加以數字化後，到了文藝復興時代的1509年義大利人帕西歐里（Luca Pacioli，1445年～1517年）所著的《神的比例》一書中，就將黃金分割的各種不變的特性，與無所不在、無所不包的情況，視作上帝創造宇宙的代表。

　　帕西歐里是一位集藝術家與數學家於一身的聖方濟教士，同時也和達文西（Leonardo da Vinci，1452年～1519年）是好友，因此，邀請他替《神的比例》一書畫了60餘幅的立體素描插畫，其中，最有名的就是第2卷中討論人體結構和建築比應用的部分。而這些論述的來源都是根據古羅馬折衷主義建築大師維特魯威‧波利奧（Marcus Vitruvius Pollio，約西元前70年～前25年）的作品。

　　由此而來，達文西因著迷於黃金分割的運用，創作出名畫「維特魯威人」（Homo Vitruvianus），這是達文西對「完美比例」、「黃金分割」在人體男性上最好、最精準的表達，也可以說是他藉此對幾何學與對數螺線致上最崇高敬意的一種表現。

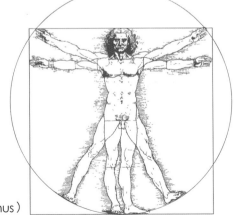

▶ 圖1-9：維特魯威人
　　（Homo Vitruvianus）

　　因為根據中末比1.6180339887…：1這個完美的比例數值，維特魯威認為：「完美比例的男人應該是，肚臍是人體中心點，如果人把手腳張開，做仰臥姿勢，然後以肚臍為中心用圓規畫一個圓，手指和腳趾就會剛好碰觸到圓周；同時，不僅可以畫出圓形，還可以在人體中畫出方形，也就是由腳底量到頭頂，並把這一量度畫到張開的兩手，高和寬同時也會相等，正如同平面上用直尺畫出方形一般。」

　　達文西就把他畫出來了，這就是黃金比例、黃金分割在男體上的完美實踐，所以，也稱為「上帝傑作」或是「神的比例」，這也是從對數螺線而來的實證之一。同時，在名畫「蒙娜麗莎的微笑」中，我們一樣可以發現許多黃金分割的痕跡和線索，像是從畫本身的尺寸、臉部周圍到身體許多部分，都屬於黃金分割。此外，從文藝復興時代以降，因為重新回到關注人本身的關係，繪畫、建築、雕塑和音樂等作品，許多都和黃金分割有關。繪畫除了「維特魯威人」之外，還有米勒的「拾穗」、達維特的「薩平婦女」…等作品，雕塑則有米羅維納斯、大衛以及太陽神阿波羅…等作品，此外，莫札特所有的鋼琴奏鳴曲中，有將近95%符合黃金分割。

知 識 小 百 科

「共振」與「波浪理論進階4.0版」

所謂的「共振」是一種物理現象，在自然界中隨處可見，如以小提琴、中提琴和大提琴等提琴類樂器來說，所產生的樂音來源在於音箱內的f形開口正是位於黃金分割0.618的這個位置，亦即符合對數螺線和費氏數列的原則，正好和一樣是由對數螺線發展出來的人類大腦皮質及耳朵的半規管產生共振，這就是一般所說的「共鳴」，聽起來自然地就成了所謂的「天籟之音」。

▲ 圖1-10：提琴上的f孔位於黃金分割0.618位置。

這種共振，在人的感情、思想和情緒等情感中，占有非常重要的分量，而這種情緒上的波動，也是產生共振重要的來源，尤其當產生「集體意識」的時候，共振效果更會產生加乘效果，其結果就是高低起伏的現象更為明顯，所以，諸如運動比賽、演唱會、佈道會⋯等眾人集會中，這種集體意識令在場所有人產生的共同悲傷、喜樂和感動等情緒都會特別誇張。

而人類這些共同的集體意識留下來的數字，自然是在重力場和對數螺線的影響下形成的，當然會有其中的痕跡和線索在這些指數中。這些指數一天天、一週週、一月月、一年年的累積，等於是將這些指數的變化記錄下來，久而久之就形成了一種有如波浪一般的曲線，最後被艾略特等有心人經由累計和統計多年的股市指數後，歸納分析出其中的規律，進而能夠找出未來的趨勢，甚至做出預測，形成了所謂的「波浪理論」。因此，由小看大，股票、期貨⋯等波動性商品，自然也會有這樣的規律以及現象。

不過，經過這麼多年的實證之後，我們發現，如果在運用波浪理論的同時，強化「時間波」的使用，會大幅度增加趨勢預測的準確率，屢試不爽。這也正是本書與其他相關書籍最大的不同，這種以時間波做為波浪理論的主軸，正是林隆炫先生獨有的發現，使之當作觀測各種波形的有力武器，可以將各種變化盡覽無遺，接著進行歸納、分析後，就能夠大致掌握接下來的變化，進行預測，準確率自然大幅提升，這可以說是「波浪理論的進階4.0版」。請各位讀者反覆細讀這些寶貴經驗，必有無價的心得。

其實，在古代諸多文明中，如西元前3000年建造的胡夫大金字塔，其原高度與底部邊長比值正是黃金分割的中末比，希臘的雅典巴特農神殿（Parthenon at Athens）之正面高度與寬度比也是，甚至巴黎艾菲爾鐵塔在比例上應用的也屬於黃金分割。這些都顯示不管是有意還是無意，人類對黃金比例的癡迷，正是在重力影響下，從對數螺線中找出來的中末比持續發揮的作用。從而衍生出來對美感的追求亦正如達文西所說：「美感完全建立在各部分之間神聖比例的關係上。」所以，時至今日對美感的追求，也正是人類持續進步的動力之一。

總之，從重力而來的對數螺線，再藉由黃金分割中末比之比值1.6180339887…所展現的，正是一種能夠按照一定比例成長而又不變的「自我相似性」生長或演化法則，它是宇宙一切的來源，早已在不知不覺中主宰了我們的命運。

神奇的費氏數列

義大利著名數學家李奧納多・費波南希（Leonardo Fibonacci，1170年～1250年）在西元1202年出版《算盤之書》（Liber Abaci），他在這本數學名著中提到一個非常有

名的算術問題：兔籠裡有1對新生的兔子，假設每對兔子每個月會生出1對兔子，但新生的兔子要滿2個月才能生出新一代兔子，那麼1年之後，會變成多少對兔子？

我們將答案分列表、圖如下：

表 1　費波南希係數原理

月份	兔子總數（對）	可生育的兔子數（對）	月份	兔子總數（對）	可生育的兔子數（對）
1	1	0	7	13	8
2	1	1	8	21	13
3	2	1	9	34	21
4	3	2	10	55	34
5	5	3	11	89	55
6	8	5	12	144	89

圖 1-11　兔子後代數目引生費波南希數列

同時，可得出以下公式：

$$F_0 = 0$$
$$F_1 = 1$$
$$F_n = F_{n-1} + F_{n-2} \ （n \geqq 2）$$

也就是，前兩數相加等於後一個數字，而這些答案所列成的數列，就稱為「費波南希數列」，我們一般簡稱「費氏數列」。

費氏數列和黃金比例也有很密切的關係，因為黃金比例就暗藏其中，如果將費氏數列的後項除以前項，當項數非常大時，該比值就會趨近於黃金比例，如144/89＝1.617977528089888…、233/144＝1.618055555555556…、987/610＝1.618032786885246…等，就顯示這個結果。

因此，我們才說「對數螺線、黃金分割和費氏數列可說是一體三面」，都是受重力影響所表現出來的現象。這三者對人類歷史的發展，不論在建築、藝術、天文學、數學、音樂，甚至與接下來要介紹的「波浪理論」所涵蓋的投資理財（股票、匯市、黃金、期貨）、生物科技、健康養生…等方面都牽涉極廣，我們不可不知。

重力影響人類歷史發展

人類第1次看到宇宙重力場中，呈現出來的標準對數螺線型態的渦漩星系團是西元1845年，由受封為羅斯伯爵三世的威廉‧巴森斯（William Parsons，3rd Earl of Rosse，1800年～1867年）所觀測到距離地球1300萬光年的M51星系團。

我們身處的銀河系的形狀也被認為是一個螺旋星系，然而，根據哈柏太空望遠鏡的觀測顯示，銀河系的形狀應該屬於渦漩星系中的棒旋星系（Barred spiral galaxy）。

至於螺旋星系是如何形成的，根據天文學家的解釋是，星球或星系的軌道會隨著與核心距離的改變而扭曲，造成某些軌道緊密結合、某些拉長，而形成螺旋臂的現象。

西元1779年，法國天文學家皮埃兒‧梅香（Pierre Méchain，1744年～1804年）觀測到了位於獵犬座的「向日葵星系」—M63。這顯示天文學家早已注意到宇宙星系與星球和對數螺線、黃金比例及費氏數列的密切關係。

同時，對於中末比、對數螺線和黃金切割（或稱黃金比

例）、費氏數列等所謂的「驚天密碼」追根究柢，都是深受重力影響而來的，都只是人類抓到重力影響的尾巴進而追蹤和發現出來的，這些都是重力的線索之一，但已經足夠讓人類歷史與文明發展走向不一樣的層次。

這個左右宇宙發展的神祕力量，不只影響了星球的相對運動，更讓地球所處銀河系排列成螺線，如果星系的演化運動都受其影響了，那麼，地球上生物的演化也受其影響更是再自然不過的事情。

再者，星球的運動創造了「時間」，在這個規範內，各式各樣的生物在地球這個空間上出現、生存、發展，也就形成了「歷史」，人類的歷史自然也受此規範，所以，重力影響歷史的發展是殆無疑問了。

生活中暗藏的驚天密碼

宇宙密碼其實隨處可見，但我們不是習以為常就是視而不見，對於這個現象，我們只能說人類其實沒有自己想像中的精細，只是一種被習慣擺布的動物，這暫且不論，我們在生活中常見的費氏數列事物非常多，而植物就是其中一類。

植物靠光合作用生存，因此，樹枝上的葉片生長原則是以能照最多日光、淋最多雨為生長優先次序，這稱為「葉序」，至於如果把莖轉1圈有多少葉片，這個比值我們稱為「葉序比」，如菩提葉轉1圈有2片葉子，葉序比就是1/2，山毛櫸、榆樹的葉序比為1/3（繞1圈有3片葉子），蘋果樹、杏樹、櫻桃樹葉序比為2/5（5片繞2圈），梨樹、垂柳葉序比為3/8（8片繞3圈）…，同時，我們由此可知這些葉片數都是費氏數列。

| 互生 | 對生 | 輪生 | 叢生 |

▲圖1-12：從葉子排列順序可以看到費氏數列的蹤影。

另外，由於馬鈴薯是食用莖，所以其芽眼生長方式也如同葉子一般，除暗含費氏數列的葉序比外，若將其芽眼圈起來畫線，更會形成由下而上最終匯集於頂點（莖頂）的對數螺線形狀，實在是不可思議。

再看鳳梨表面的六角形鱗片排列，大多數的表皮都會形

成5、8、13或21個六角形鱗片，並以不同斜角排列而成。此外，趨光性最強的向日葵可以說是地球生物中表現費氏數列的最佳典範，其花心小花的排列分別是順時鐘與逆時鐘的螺線排列，最常見的是34/55條（順時鐘/逆時鐘）螺線交錯，較大的花有89/55條，更大的則是144/89條，甚至144/233條，這是因為如此一來在同一個平面上能更有效地填滿空間，以達成最大的受光面，讓花長得更好、開得最旺。

▲ 圖1-13：向日葵花心呈順時鐘、逆時鐘的螺線排列。

　　還有松果，其表面鱗片順時針螺線的排列數目是8，逆時針方向則是13，或是順時針排列數是5，逆時針排列數則是8。此外，花瓣數目也是依照費氏數列在排列，我們列表如下，提供大家參考，如有興趣可自行查找更多資料，以佐證此說法的真實性。

▲圖1-14：松果鱗片排列也暗藏費氏數列奧祕。

表2	花瓣數目藏有費氏數列	
植物名	**花瓣數**	
百合、鳶尾	3	
耬斗菜、毛茛和翠雀	5	
飛燕草	8	
萬壽菊	13	
紫苑	21	
雛菊	34、55、89	

▲圖1-15

這些植物為什麼會有費氏數列的數字存在，且都以一個中心、例如莖，做螺旋狀排列（對數螺線的概念）？

經科學家研究發現，螺旋狀不僅可以壓縮空間，還能增強植物枝幹和莖葉的強度，另動物中的腸管和骨骼的骨細胞排列，也多以螺旋狀彎曲盤旋在有限的空間裡。因此，我們絕對可以說，無處不在的對數螺線構造是生物體基本構造形式之一，它與生命的存在有著極其密切的聯繫。

當然，本書讀者自然可以知道，這些情形的出現，就是因為動、植物受重力影響的關係，有句電影台詞說得非常好：「生命自會尋找出路」，整個生物界在接受重力的情況下，找出了對數螺線這個最符合生存、發展的螺線型法則，這是再自然不過的了，否則，不遵守者，在物競天擇、適者生存的演化法則下，勢必將被淘汰，沒有例外。

2021
世紀大轉折

宇宙密碼

抓住波浪，實現財富自由人生

◆ 林隆炫

股市投資是看似簡單卻極其複雜的一門學問，

善用波浪理論預測未來趨勢，

明日的頭條由你決定！

掌握宇宙密碼
投資領域如魚得水

明日頭條由你決定！宇宙密碼既然可以預測未來的趨勢，那麼，只要善加運用，自然可以獲得可觀的力量，改變人生、創造未來。同時，將宇宙密碼和對數螺線運用在股、匯市的「波浪理論」，自然也能獲得大家青睞。

本書將宇宙密碼和波浪理論完美結合，運用在各種投資領域，現在首度大公開，教導大家如何認識、熟練和運用波浪理論，在投資領域如魚得水。

股市投資是看似簡單卻極其複雜的一門學問。由於進入的門檻相當低，只要願意，無論從事什麼行業，大體上都可參與股市的投資。但就個人在股市長久的觀察經驗來說，能從股市功成身退的人，真是鳳毛麟角！目前坊間有所謂的

「八二法則」，亦即：約有8成的投資人是輸家，只有少數2成的投資人能夠從股市中獲利。因此，在如此嚴苛的考驗下，股市投資其實並不如想像般的簡單。

筆者從事股市分析研究前後超過35年的時間，在台灣股市發展過程中，累積了不少心得和經驗，在本書中謹就個人過去多年所累積的經驗，提供給廣大的投資朋友參考，以收「他山之石」之效。

從股票市場中要獲取投資經驗，所付出的代價是非常可觀的。股市的輸贏，相信很多人都已深刻體驗過，雖然，就筆者個人多年的經驗不敢說能有非常淋漓盡致的股市論點，但是能夠穿越這30多年的市場經驗畢竟還是相當珍貴，所以，在此大膽提供個人多年來技術分析研究成果，尤其是將波浪理論應用在台灣股市的經驗，希望能為投資人提供一些正面的幫助，做為未來操作上的參考。

本單元將先從投資心法及波浪理論講起，另外，還有其他幾個面向的分析，一是波浪理論在股票市場的實際驗證；二是美國股市百年的興衰和未來趨勢的走向分析；三是陸股

宇宙法則

宇宙密碼

台股見證

鑑往知來

健康養生

的簡介與特點，還有未來大勢分析；四是美元、黃金和石油等其他重要投資的波浪理論經驗心得與分享。

接下來的第3單元則會從技術性分析的角度切入，逐一分析台灣股市過去40年的趨勢及漲跌起伏，做一有效的運用說明。

投資無上心法：你丟我撿

當每個人都急著賣出手上的股票或是資產時，也正是你買入的時候，並且還應該持有這些股票、資產直到每個人都想買的時候。

「對立理論」的觀念即是：如何能使自己免於其餘投資群眾壓力的影響，而只專為個人著想的藝術，它有可能是最簡單、最理性和最可靠的技巧運用，來達到「低買高賣」的原則，以求取最高的利益所得。因此，當某樣東西沒人想要的時候，那價格一定非常便宜；相反的，假如這樣的東西每個人都要，那麼就一定得付出相當昂貴的代價。

所以，「反市場心理操作」放諸四海皆準。為什麼會這

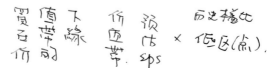

樣呢？這是因為世上的人絕大多數都是「跟從者」而不是真正的「領導者」；在投資市場中，他們總是等到了別人開始買或賣時，才敢跟在後面一起行動，所以經常買得太高或賣得太低。

假如我們能學會如何辨識群眾心理的兩個極端，便可以在群眾產生「瘋狂追買頂點」或「恐慌拋售低點」時，以反其道而行的方式來操作、進而獲利。利用這點，我們就可以捕捉到任何較大幅度的差價利潤。

讀者有了這些基礎，把研判分析要領、投資操作技巧及市場漲跌的基本原理都融會貫通，而且運用純熟，如此我們就能從容上戰場，獲取我們所要的目標。接著再以美股、美元、黃金、石油等全球最重要的投資市場為例子，以波浪理論的架構與中心思惟來做實戰演練。

用波浪找轉折買賣點

我們都知道，波浪理論是由美國經濟學家艾略特（Ralph Nelson Elliott）所提出，進而發展運用在投資市場上。在他的觀察中，宇宙的自然法則可以規範股市漲跌起落，而且也

掌握著投資群眾的心理脈動。他透過「波浪（液體）」對宇宙互相牽引的引力發展成波浪理論；而且我們也可用以觀察宇宙對空氣（宇宙自然現象對氣體）的作用力，亦即「混沌」的現象。

簡而言之，在股票市場中最能體現宇宙作用力的就是「股市循環現象」。所以從波浪的現象、混沌的現象，到股市循環的現象，就成為技術分析重要的邏輯基礎。艾略特在波浪理論中，除了強調波浪的結構以外，還引用了費氏數列的時間數列，做為波浪理論的數學基礎（此部分請參考本書第1單元內容，對波浪理論和費氏數列、對數螺線之間的密切關係有完整說明）。

艾略特還發現，「波幅」和「時間」這兩個因素與對數螺線有著驚人的巧合，例如第3波往往是第1波的1.618倍，筆者進而研究發現還有時間的間隔，不論是日、週、月、年，到了費氏數列出現的時刻，也往往是波浪「轉折點」出現的時刻。

如此一來，我們要抓住股票或是投資市場的「轉折點」

就有跡可循了。這是因為「波幅」和「時間」到了費氏數列出現的時候，大部分的人也都會採取同一個行動，進行「買」或「賣」的動作，所以「賣點」或「買點」也就自然出現了，這就是一種趨勢的形成。

知識小百科

時間波的預測

✓ 不同層級波與波之間具有自然率的相關性
✓ 完成第1波的時間與第（1）波的關係為＝6.85
✓ 完成第（1）波與第 I 波的關係亦為＝6.85
✓ 例如：第1波為3個月，則完成第（1）波需時3×6.85＝21個月，
　　　　那麼完成第 I 波的總時間為21×6.85＝144個月

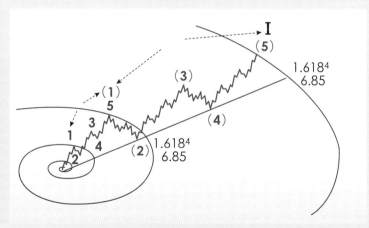

▲ 圖2-1：對數螺線對時間波的影響非常重要。

為什麼會這樣？我們的解釋是，人類身體的構造、尤其是腦細胞的發育，都受到重力場的影響，因此，人類在思想上（腦波）就會和重力場的頻率產生一種共振，自然而然就出現了一種「波浪現象」，這是波浪理論中很重要的一環。

人類有意無意中的集體意識，其實會產生許多力量，波浪理論就是藉由數字化來抓住它。也就是說，波浪理論正是重力場影響的數字化與事件化，進而從股市、匯市、黃金期貨，甚至其他相關公眾關心的事件上，出現由數字而引申出來的結果。

這個特點，艾略特也注意到了。所以，他在1948年、也就是《波浪理論》出版的10年後，再次出版了第2本書《大自然的定律》（Naurtal Law），書中就強調「費氏數列」、「黃金比例」和「股市漲跌循環」的密切關係。他發現這就是大自然的法則，也讓波浪理論發展至今，包括黃金、石油、原物料、匯率…等，世界上幾乎所有的波動性商品，都被人們套上波浪理論做為研判走勢的重要方法。

但是，很多人因為不知道波浪理論真正的來源是由重

力場影響和人類集體意識共振而來的,更不明瞭「波中有波」、「浪中有浪」的道理,所以預測只要不準確,就會責怪「波浪理論」不正確。

真正的關鍵是,因為他們不清楚「轉折」與「轉折點」的重要性,這兩者其實才是波浪理論的真正精髓。

筆者研究發現,時間拖得愈長、轉折的力量愈大,到了波幅的高、低點,配合時間波將費氏數列的數字套上,高點多半會轉折向下,低點多半會轉折向上。艾略特認為這些數字和大自然的密切關聯,包括時間、生物演化及生長、宇宙運行,尤其是與「重力」的關係特別緊密。

換句話說,眾人集體的思想、行為在股票等投資市場中,腦波的頻率和自然的頻率可以「共振」,進而達成了一種「和諧的狀態」,於是,投資大眾「一起買」或「一起賣」的行為就發生了,而轉折的轉折點自然也就出現了。

不過,抓住轉折點、甚至預測轉折點,看似容易,但其實真正要能徹底了解目前波浪所在的位置並不容易,往往都

是事後回頭看，才會恍然大悟。因此，這種「事後諸葛」式的預測，最好不要做，否則風險過高。建議這種預測最好拿來做「預防式的風險管理」比較好，以避開災難為先，而不要想做什麼投機性的操作，以免風險太高，造成巨大損失。這點，要先跟各位讀者說明。

總之，波浪理論可以說是對數螺線的另一種展現方式，這個時候，「歷史」就非常重要了。艾略特研究美國股市幾十年的歷史、也就是股票指數的變化，才分析歸納出「波浪理論」，進而可以預測到未來股票的趨勢和走向。

歷史，其實就是「時間的學問」，過去、現在、未來發生的所有事件，連成一條直線。因此，只要能夠抓住過去關鍵的事件，使之數字化，並歸納分析利弊得失後，在這種波浪圖形上，轉折點會變得非常清楚。如果國家、社會，甚至人生的走勢套上這種波浪圖形，也會變得非常有趣，並可以依據波浪理論推測未來的走向。

但是，想要預判未來，就必須了解目前的位置。因此，就必定要從「起始點」看起，包括：宇宙的起始、生命的演

化、人類的歷史、股市的起落…等，這就是歷史的重要性。

波浪理論簡單講

我們將波浪理論抽絲剝繭後可以發現，其在理論上涵蓋了3個主要因素，第1個就是「波浪型態」，第2個為「空間比例」，第3個則是「時間的轉折」。

● 一個完整波

艾略特的理論中最特有的是波浪結構，而這個波浪結構由圖2-2可以清楚看到，其所呈現的是一個股市的循環圖，其中涵蓋了兩個階段，第1個階段是所謂的「一波比一波高」的多頭市場，之後到了第2個階段再出現一個「空頭的回檔修正」。

而我們可以發現，在多頭市場中上升的過程屬於（1）、（2）、（3）、（4）、（5）的5波段上升；空頭走勢則是以（a）、（b）、（c）的3波段回檔構成。所以這裡的（1）、（2）、（3）、（4）、（5），加上（a）、（b）、（c）波構成了股市的大循環，因此，一個完整的股市循環結構是8波，如圖2-2所示。

這些看起來似乎是相當的簡單，但真正複雜的是什麼呢？大自然中有個主要的概念，就是大自然的複製現象。我們可以發現，在這（1）、（2）、（3）、（4）、（5）波當中，再將其縮小範圍，只取（1）、（2）波的部分，就又可以細分成股市「中循環」的1、2、3、4、5波與a、b、c波。從圖2-2可以知道，這些基本結構和最大格局的股市循環其實是一模一樣的，也就是一個「大循環」之中涵蓋的「中循環」。

如此，還可以再細分一點，中循環的1、2波當中，還可以再分為短期的1、2、3、4、5與a、b、c波，就這樣重重疊疊的複製與延伸。

我們也可以這樣定位：將最大循環的I、II、III、IV、V波與A、B、C視為長期的波段；細分I、II波所得的（1）、（2）、（3）、（4）、（5）波與（a）、（b）、（c）為中期結構；而再細分的小循環可視為短期結構。就波浪理論來說，可分為9級，這和太陽系的9個行星的作用力是否有關聯，是一個值得思考的問題。

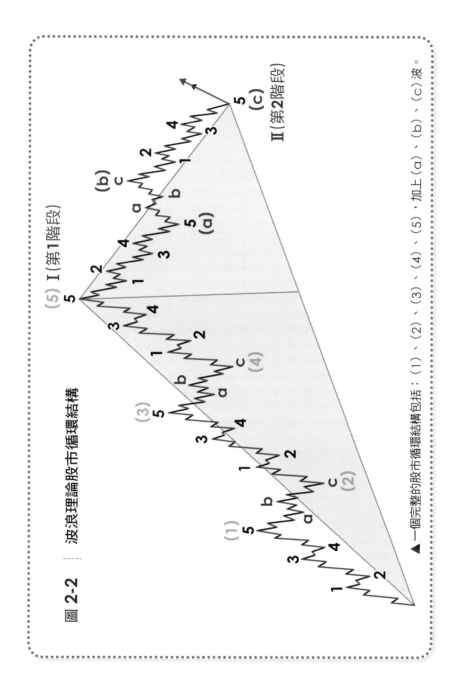

圖 2-2 ┊┈┈┈┈ 波浪理論股市循環結構

▲ 一個完整的股市循環結構包括：(1)、(2)、(3)、(4)、(5)，加上 (a)、(b)、(c) 波。

在這個波浪結構當中，如果從「波」的角度來看，還可以衍生出一個觀念：多頭市場長期多頭走勢為：I、II、III、IV、V上漲5波，A、B、C回跌3波。

若是就中期的規模觀察，（1）、（2）、（3）、（4）、（5）的上漲波包括：1、2、3、4、5＋a、b、c＋1、2、3、4、5＋a、b、c＋1、2、3、4、5，等於是「5波＋3波＋5波＋3波＋5波」，總共是21波，見圖2-3。

圖2-3從起漲點來看，到完成點總共21波，而（a）、（b）、（c）的下跌波是走：1、2、3、4、5＋a、b、c＋1、2、3、4、5，為5、3、5波的鋸齒波的整理，加起來是13波。也就是說，以中期的格局來看，上漲波是21波，而回檔修正波是13波。這「21」加「13」剛好是一個股市循環，總共「34波」。

若從最細微的短波段循環來看，從第（1）波的起漲點到第（5）波的完成點剛好是89波；若從第（5）波最高點回檔修正的過程以最小的格局來計算，總共為55波。

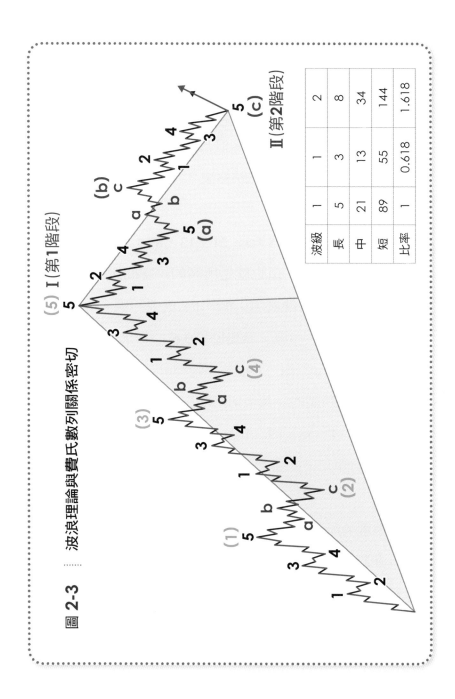

圖 2-3 ┈┈┈ 波浪理論與費氏數列關係密切

波級		比率
長	1	1
中	5	3
短	21	13
比率	89	55
	1	0.618

　　換言之，如果長期循環漲5波，之後就必須大修正回檔3波，但若是從中期循環來算上漲了21波，就要回檔13波；以此類推，以短期循環計算上漲了89波，則要回檔55波，這就是一個波浪的結構形成過程。但為什麼漲5波要跌3波？漲21波要跌13波？漲89波則要回跌55波？

　　我們以比例來算，5：3、21：13、89：55，這3個比值的近似值皆為0.618，這也就是所謂的「空間比例」，這個0.618的空間比例也就表示：漲「1」就要回跌「0.618」。所以漲「5波」回「3波」就是回跌0.6；漲「21波」回「13波」是回跌0.618；漲「89波」回「55波」是回跌0.618。「0.618」就是所謂的「黃金切割率」，0、1、1、2、3、5、8、13、21、34、55、89、144……，這就是費氏數列，詳細說明請見第1單元，此處不再贅述。

　　波浪理論所呈現的就是這個比例關係在股市中的情況。因為，在股市的漲跌起落中，並非光是「波」的形式就可以完全涵蓋的。舉例來說，若有人問你這行情要漲到哪裡？你總不能說：「漲到第5波賣掉。」一般人若以個股來講，會說到什麼價位，對加權指數則是會漲到幾點；而以空間角度

來看，慣用的技術單位並不是「波」。

知識小百科

波浪理論的特色

- ✓ 針對市場波動，提供全方位的分析角色
- ✓ 解釋特定圖形型態發展的原因與時機，以及型態本身的代表意義，幫助分析者找出市場的循環週期所在
- ✓ 以數學為基礎，配合自然界循環波動的節奏，掌握價格與時間變動的結構
- ✓ 對於頭部與底部能事先提出警訊，是研判後勢、確認趨勢與鎖定獲利目標的分析技術
- ✓ 波浪理論較適用於有群眾基礎的指數、黃金
- ✓ 波浪理論最好結合其他的技術分析理論一起使用

● 空間比例

　　若以空間而論，縱坐標（Y軸）如果是大盤的指數圖，代表的是加權指數的點數，如果是個股K線圖則代表股價。這個空間修正的關係，還是符合0.618的修正關係，也就是說，漲5點要回檔3點、漲21點要回檔13點、漲89點要回檔55點的意思；以個股的價格來說，漲了5元通常會回檔修正3元、漲了21元要回檔13元、漲89元要回檔55元。以空間角度來看，也會符合黃金切割率。

　　而橫坐標（Ｘ軸）代表的是「時間」，時間也呈現出某種比例關係，如果這一波行情漲了5個月，就必須留意回檔修正幅度為0.618，大約是3個月。以此類推，漲21個月會回13個月，漲89個月會回55個月。

圖 2-4　股票市場呈現空間與時間影響結果

★ 縱坐標（Ｙ軸）代表指數，橫坐標（Ｘ軸）代表時間，兩者的交錯就是時間對指數影響的結果。

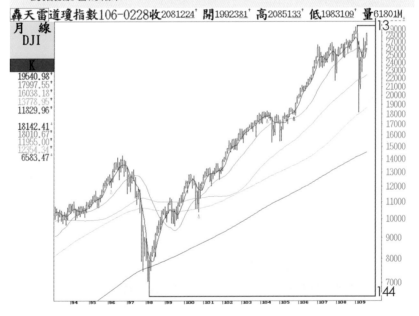

　　但是，以時間的計數單位來說，有年、月、週、日、小時等。「年」用得較少，因為過長，不方便，例如「漲21年、回檔13年」之類的說法，顯然不常用。長期來說，一般

最常用的是「月」，中期則用「週」，短期則用「日」，重點還是在0.618的比例關係上。所以，空間比率──黃金切割率是適用於艾略特波浪理論的波，也適用於空間裡面的指數、價位，同時亦適用於時間單位的月、週、時、日，這些都符合0.618的空間比例的基本要求。

知識小百科

波浪理論原則

- ✓ 第4波與第1波不能重疊
- ✓ 三角形通常出現在第4波或是B波
- ✓ 第2波與第4波結構相異，即：複雜波與簡單波的交替法則
- ✓ 空頭市場不能跌落前一個多頭市場的第4波

波浪延長理論

- ✓ 第1波通常最短
- ✓ 第3波通常最長，但絕不能最短
- ✓ 3個推動波只有1波會延長
- ✓ 如果第3波延長，則第1、5波的漲幅或時間將類似，而且不可產生延伸
- ✓ 如果第1、3波等長，而第5波成交量會大於第3波，則第5波可能會延長
- ✓ 延長波看起來像9波，而非一般的5波
- ✓ 若第5波延長則A波修正會拉回至5-2波的低點附近

知識小百科

波浪理論3要素

① 趨勢型態：指波浪的結構線型
② 空間比例：即黃金切割率0.618、1.618，用以決定回檔幅度
（或預測上檔目標）
③ 時間循環：費氏數列與波浪之間存在著時間的關聯

波浪計數

✓ 趨勢的波浪分割，是順著次一較長趨勢的走向，而分割成5波浪
✓ 一個完整的波浪到底是分成5波浪或是3波浪，取決於較大波浪等級的走向
✓ 完成一個5波浪走勢，通常意味著只完成了一個更大波浪等級的一部分，而且還有更進一步的走勢出現，除非已經達到一個第5波的第5波

● 時間轉折點

再來要談的是「時間的轉折點」。這涉及到波浪理論的數學基礎，就是費氏數列0、1、1、2、3、5、8、13、21、34、55、89、144…等數字。這個數列本身有時間轉折的作用，一般稱為「時間變盤轉折點」，這些轉折點就適用數列的數字，也就是說，當大盤進入關鍵的買點或賣點時，這些重要的轉折點通常會發生在費氏數列的某些數字上。

所以，如果碰上費氏數列的循環週期時，就必須提高警覺，採取反制的作法。同時，**數列的數字愈大時，可靠性愈高**，例如「144」的可靠性就遠比「3、5、8」來得高。

再者，循環週期往往不會是單一的，而是多重的。所以，如果某個轉折點剛好同時出現這個數列的某些數字，重複出現的可能性就愈高。由台灣股市的實證就可以發現，台灣過去40年來最重要的轉折點，都符合費氏數列時間變盤轉折點的規律（詳見第3單元），這時就必須進行反制。

如果是處在一個階段性的高檔，最好是站在逢高賣出的賣方；若是屬於階段性的低檔，就必須特別留意是否有反轉向上的訊號，以便從容進場承接。所以，費氏數列時間變盤轉折點在算法上，原則是：（1）關鍵的低點到高點，（2）關鍵的低點到低點，（3）關鍵的高點到低點，（4）關鍵的高點到高點。這些關鍵買賣點之間，就形成費氏數列數字的關聯性。

總之，學習波浪理論就必須像「柯南」破案一樣，根據理論基礎，找出蛛絲馬跡、隻字片語的線索，進行抽絲剝繭

的工作，如拼圖般一片片組合起來，才能完美拼湊出一個波浪型態，從而精準預測出漲跌點、趨吉避凶，以獲取最大利潤空間。

知識小百科

波浪修正理論

✓ 調整波永遠是3波浪的形式，絕不會出現5波浪的型態

✓ 多頭市場：如果出現5波浪下跌，意味只是一個3波下跌的第1個波浪，未來走勢將進一步下跌

✓ 空頭市場：3波段上升之走勢應持續下跌，5波浪的反彈則是進一步走高的訊號，甚至有可能是一個新的多頭市場的第1個波浪

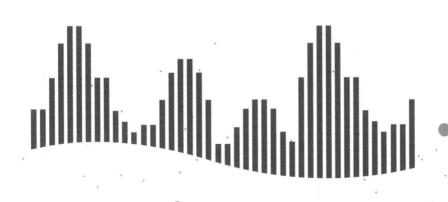

美股百年風華
超級轉折由盛轉衰？

美國，自二次大戰以來即堪稱世界第一強權，其興衰起落將牽動全世界的榮枯，其國家的政策取向也影響了全世界，因此能不能掌握美國未來的動向，將攸關投資的勝負所在，其中最關鍵的市場有美股、美元，甚至黃金、石油都息息相關。如果我們仍然拘泥在傳統的分析方法，恐怕難竟其功，無法有效的打敗已被少數人操弄的不公平市場交易規則。

　　因此，我們試圖以更高的視野與格局來探索這個世界的真相。筆者有幸與多年的好友—蔡茂林醫師，共同由宇宙的大自然法則來探究人生真相，以及市場至高無上的指導原則，提供來者一甲子的實戰經驗，節省摸索的寶貴生命，站在我們的肩膀上更上一層樓，幸甚！

西元1929年，華爾街股市崩盤，直到1932年，跌至只剩41點後開始反彈，到了1934年反彈結束後又開始回跌。這已經令市場人心惶惶，大家非常害怕1929年的大崩盤故事重演，無人敢買進。此時，一位50多歲、已經退休的會計師艾略特（Ralph Nelson Elliott，1871年～1948年）蒐集了75年來華爾街股市的資料，經過仔細統計分析後發現，股市將在96點～99點之間止跌回升，他並將這個結果告訴了當時著名的投資顧問公司總裁—柯林斯（Charles J. Collines）。

圖 2-5　美國道瓊指數月線圖（1）

★ 2021年美股道瓊指數將面臨四重大轉折。

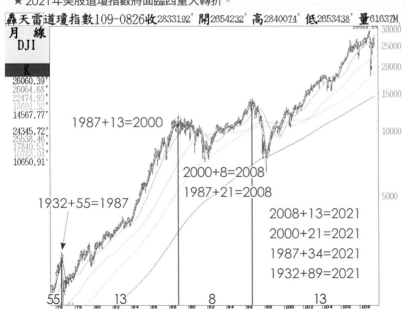

　　結果，美股確實在96.1點的時候反轉回升，艾略特也因此一戰成名。西元1938年，他整理了自己研發的理論，出版了《波浪理論》（The Ware Principle）一書，展開了事業的第二春。

　　相信讀者看了圖2-5之後應該感覺不寒而慄，一切盡在不言中，朝聞道，夕死可矣！人算不如天算，一切自有定數，過去的種種譬如昨日死，2021年人類將面臨什麼情境不得而知，但我們深信該如何處置，大家心中應有一把尺。過去人生的40年，在財富重分配的過程中如何趨吉避凶，巧妙地避開1987年、2000年及2008年的股災，成為少數真正的贏家，自然迎刃而解。

　　美股史上3次股災所造成的財富重分配，導致當今社會呈現極端的M形結構，使得衍生的層層社會問題無法解決。或許資本主義社會發展已到了窮途末路的境地，如果讀者過往可以巧妙避開此3次股災，如今您已成為成功的受益者，反之則會掉入無法翻身的泥淖之中。2021年全球股市即將面臨史上第4次的試煉，我們今生今世的成功與失敗將面臨最後一搏的機會，是風險也是契機，就看大家的造化了。

1987年，第1次股災

　　美股由2746點下跌至1616點，為期3個月，跌幅高達41%。猶記得當年10月19日早上醒來，美國道瓊指數一天下跌了508點，跌幅達22%；緊接著日股開盤大跌了3800點，台股開盤全面跌停板，港股則大跌1800點，之後甚至還宣布休市1週，這次的大崩盤讓世人開了眼界，爾後美股才有熔斷機制的建立。當時導致很多投資者跳樓自殺、精神病院客滿，不可不慎。

圖 2-6 ┊ 美國道瓊指數月線圖（２）

★3次股災已過，是否僅是醞釀第4波股災的前奏？

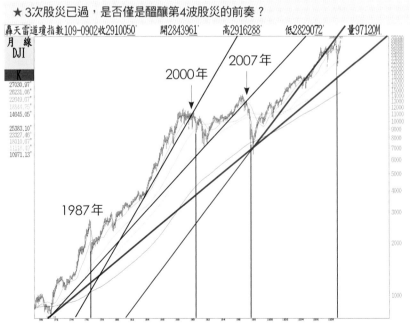

2000年，第2次股災

在跨世紀換機潮過後，新經濟泡沫破裂，導致全球財富分配不均，先進國家財源廣進，但新興國家卻是油價低迷、窮困潦倒，因而爆發了2001年的「911恐怖攻擊」事件，最後則是以波斯灣戰爭危機、美國小布希總統入侵伊拉克控制油田、拉抬油價收場。此期間，美股由千禧年元月的高點11098點下跌至2003年3月的7397點結束，跌幅高達33%。爾後全球股市在SARS疫情結束後，展開下一波長達55個月的多頭走勢。

2007年，第3次股災

美國在葛林史班任職Fed主席長達18年期間，利率連降11次後又連升8次，導致美國爆發「次級房貸危機」。到了2008年更引爆了所謂的「雷曼事件」，最後以「世紀金融海嘯」收場。

美國引火自焚掀起了世界金融戰爭，包括匯率戰、貿易戰，甚至區域軍事戰，世紀爭霸戰儼然開打，或許這就是另一種模式的第3次世界大戰。在這次的股災中，美股道瓊指數由14279點下跌至2009年3月的6469點，跌幅高達45%。

圖 **2-7** ｜ 美國道瓊指數月線圖（3）

★ 第2次股災跌跌幅高達33%，接著在SARS疫情結束後展開長達55個月的多頭走勢。

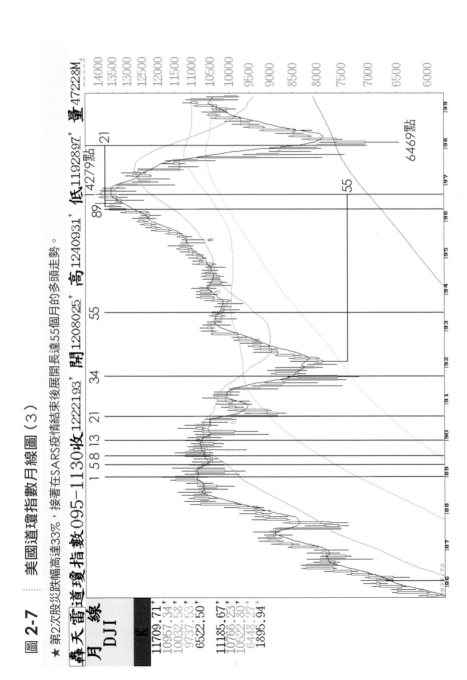

轟天雷線
美國道瓊指數 095－1130收 1222193⁺ 開 1208025⁺ 高 1240931⁺ 低 1192897⁺ 量 47228M

月 線
DJI

K
11709.71⁺
10957.34⁺
10032.58⁺
9737.53⁺
6522.50
11185.67⁺
10766.23⁺
10522.80⁺
6448.27⁺
1895.94⁺

2021年，第4次股災！？

如果美股還有第4次股災，出現在2021年的可能性居多！這是二次世界大戰以來，美國向全世界攤牌的關鍵時刻。過去辛苦建立起來的世界秩序已慘遭「川普們」有意無意的破壞。未來何去何從？讀者都必須嚴陣以待。在2000年時，美元指數達到歷史高點121點，此時全世界以美國最為強盛，但到了2008年時，歐元最強來到了1.6兌1美元，顯示歐盟的經濟規模已將超越美國，美國霸權受到歐盟的嚴厲挑戰，歐美爭霸戰於焉展開。

圖 2-8 ｜ 美國道瓊指數月線圖（4）

★ 第3次股災到現在已面臨144個月的大轉折，必須嚴防注意各項反轉訊號。

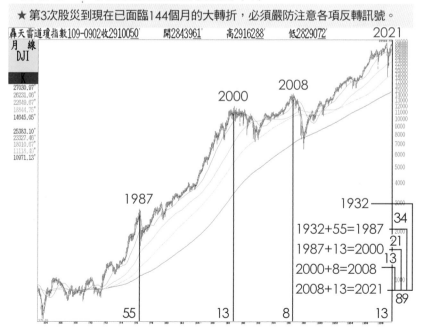

　　之後，一有金融海嘯的崩跌，造就「歐豬5國」的破產，拖累歐盟的經濟實力，二有ISIS的恐怖攻擊，造成歐洲難民潮，導致歐盟區的社會崩解，三有英國脫歐，削弱歐盟實力。如今歐元已連貶12年，由1.6貶至1.03兌1美元，歐盟似已喪失與美國爭霸的實力。不過，在此期間，中國人民幣卻一路挺升至2014年年初，當時人民幣已升至6.03兌1美元，美元指數卻只維持在80的水平。

　　顯然美國的世界霸權又感受到中國的威脅了。此時中國政權開始由習近平主政，首先推出「一帶一路」政策，更明顯威脅到美國地緣政治。後來又推出「2025的高科技產業（中國製造2025）」目標，這才真正觸動美國的敏感神經，威脅到未來21世紀美國的霸權地位。

　　因此，這一路以來的中美匯率戰、貿易戰、產業戰方興未艾，說穿了就是世紀爭霸戰，至死方休、沒完沒了，投資者必須有心理準備。但對市場而言，有動盪才有機會，只是如何有效應變、化危機為轉機而已。

陸股無可限量
空前大轉折將近

中國大陸股市和歐美股市、甚至台灣股市相比，雖然時日尚短，但是相對屬於低點和被低估的市場，尤其接下來隨著國力蒸蒸日上，股市勢必強力爆發，找到適當的轉折點—也就是買點和賣點，進行布局，為一輩子一次的大局打底，正是其時。

● 參考歐美及台股，前景可期

西元1997年，筆者有幸受邀於「中國證券人員培訓中心」，在北京針對全國證券菁英講授技術分析波浪理論課程，獲得熱烈回響。惟當時中國大陸市場尚未有所謂的「K線圖」，只能單就台股的線型圖做為藍本，當做教材，進行相關課程的授課。然而，時移勢易，多年後陸股已成為投資者不可不觀察之市場。

　　如今，中國大陸股市已經有了20多年的K線圖，雖然沒有其他國家市場歷史這麼悠久，但陸股的相關軌跡與走勢讓我們在以波浪理論回顧時，幾乎都可以獲得到精準的印證了。這個結果顯示波浪理論確實是一個放諸四海皆準的技術分析方式。

　　更令人振奮的是，我們在經過這麼多個股市的驗證之後發現，這個理論的效用的確是凌駕於不同體制的差異，也就是說，宇宙密碼是市場的最高指導原則，這一點已經殆無疑問了。同時，回想起來，想必當時聽筆者授課的學員應已獨霸一方，成為中國證券市場的關鍵頂梁柱了，這對於波浪理論的傳播與實證經驗均有莫大的助益，筆者能參與其中，實感欣慰。

　　話說回來，如果讀者仔細研讀上證與深圳市場的指數K線圖，不難發現歷年來的關鍵買賣點（也就是轉折點），都能符合波浪理論時間的關鍵轉折。然而，因為中國大陸的證券市場歷史相對較短，未能完整的展現歷史的證據，所以，最好的方式就是同時參照歷史悠久的歐美股市和台灣股市，如此就更能精準掌握關鍵的買賣點。

　　這是由於中國大陸證券市場尚未完全融合外資的參與，所以在某些關鍵時刻會有「同中存異」、些微差距的存在，這是無法避免的地方，投資者必須斟酌調整才能達到淋漓盡致的境界。

● 三合一轉折將近，務必掌握時機

　　另外，雖然近年中國大陸飽受世紀爭霸戰多種層次的衝擊，導致股市的表現相對疲軟。然而，如果由技術線圖來研判，2020年10月中國大陸上證及深圳兩大指數卻都共同面臨歷史性空前最大轉折點。

　　從圖2-9、圖2-10這兩個指數K線圖可以得知，兩者雖然波形有異，但頭尾卻相當一致，且分析下來各波和費氏數列幾乎都吻合，因此可以得出一致的預估結果。

　　根據統計和分析顯示，轉折點有3個：一是從2001年第1次高點以來第233個月的轉折；二是自2008年10月金融海嘯衝擊導致的低點以來第144個月的轉折；三是2013年6月習近平就任以來第89個月的轉折。

圖 2-9 ┊ 上海綜合指數走勢圖

★完全符合波浪理論與費氏數列的轉折。

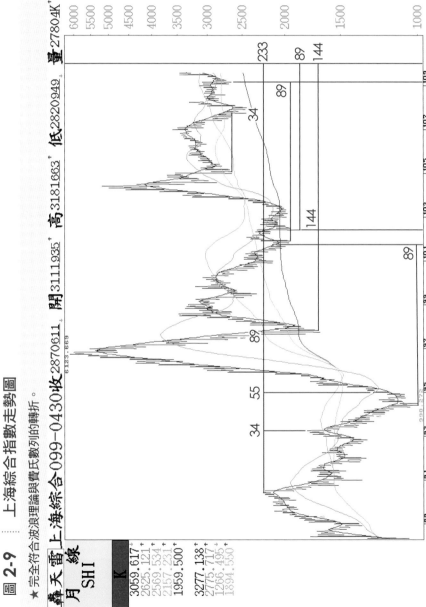

轟天雷 上海綜合 099-0430收2870611 開3111935↑ 高3181663↑ 低2820949↓ 量27804K↑

月線 SHI

K

　　客觀來說，由於這三合一的歷史性空前大轉折即將到來，也正是最具關鍵性的多空買賣點。如果屆時收高、收紅就是賣點，反之，若是收低、收黑，就是難得的逢低布局買點了，這點一定要特別注意。

　　同時，要特別強調，這個三合一空前大轉折點如果再搭配2021年的世紀大轉折，兩者綜合分析來看，就意味著中國大陸未來興衰的觀察點了，投資者只要順勢操作，諸多難題即可迎刃而解，千萬別錯過難得的機會。

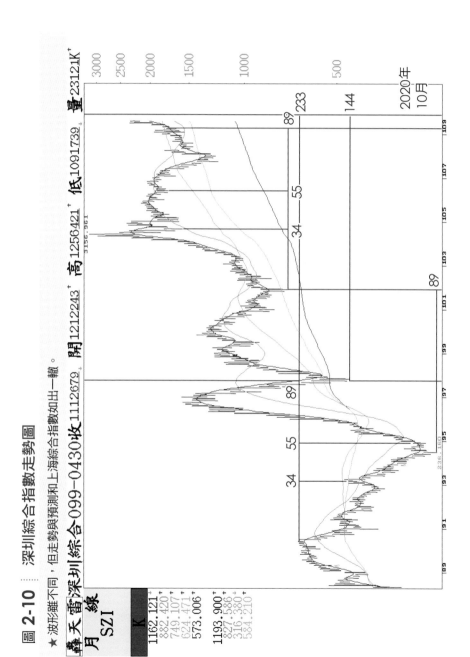

圖 2-10 ：深圳綜合指數走勢圖

★ 波形雖不同，但走勢與預測和上海綜合指數如出一轍。

轟天雷深圳綜合099-0430收1112679 開1212243 高1256421 低1091739 量23121K

其他重要商品
美元、黃金、原油

● 美元

自二次大戰以來，美國投入龐大預算，建立世界最強軍隊，利用軍事強權迫使世界各國使用美元，使其成為惟一國際貨幣。早期用金本位獲取對美元的信心，尼克森總統之後則以石油交易必用美元來維持其做為國際支付工具的地位。

曾幾何時，美國都用操弄美元的升貶來達到掠奪的最後目的，美元已成為新時代的戰爭工具，無怪乎美國人認為「衍生性商品是20世紀人類最偉大的發明」。其意義在於透過衍生性商品的金融戰爭已經取代了19世紀的殖民戰爭，為人類帶來了不流血的和平。由此可見美元對全世界的重要性，若是誤判形勢而操作失據，就有可能傾家蕩產，甚至亡國滅族。

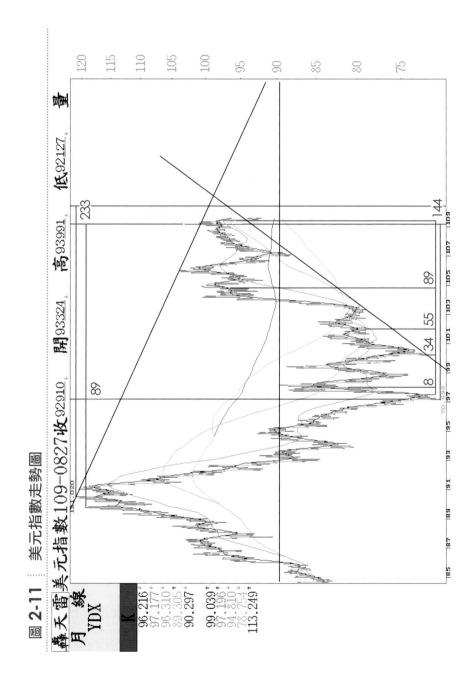

圖 **2-11**　美元指數走勢圖

● 黃金

在人類擁有資產的商品中，黃金的價值深植人心，除了不能當飯吃以外，其最具有價值的接受度，因此，愈動盪的時代，黃金的價值愈高。如果我們同意現階段是動盪的時代，天災人禍不斷，自世紀金融海嘯以來，為了振興經濟，各國政府持續QE，在新冠肺炎疫情衝擊下，百業不興，政府更無上限印鈔、大撒幣，等到有一天鈔票價值遭到持有者質疑時，黃金自然就成為最佳的保值商品。

在金融海嘯過後，政府大量寬鬆貨幣，導致黃金在2011年創下歷史新天價，達到1盎司1900美元。爾後拉回探底幾乎腰斬，來到接近1000美元，如今已打造完成一個長達6年的W形大底（如圖2-12），以此大底為基礎，挑戰歷史高點；隨後於2020年8月7日創下每盎司2075.47美元新高。在這個過程中，完全符合技術性操作準則，相信讀者只要妥善運用宇宙的大自然法則，審慎操作，應能得心應手。

黃金屬於這世界上最廣泛交易的商品，而且是最多人交易的商品，其價格走勢當然也最符合大自然法則的自然率，不怕被少數人所操控，而它也應是最穩當可靠的投資商品。

圖 2-12 國際金價走勢圖

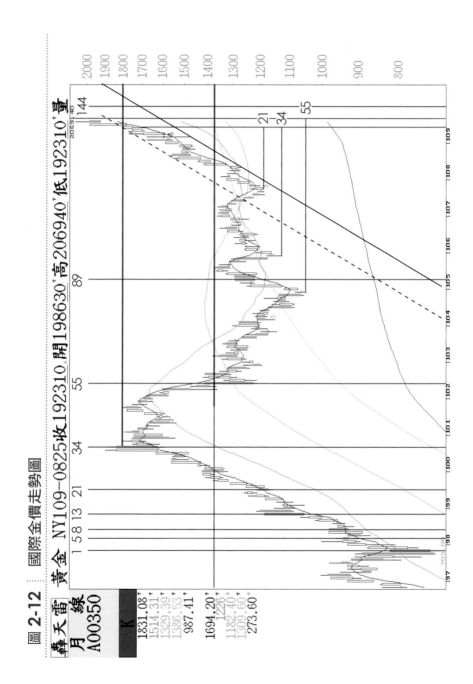

宇宙法則

宇宙密碼

台股見證

鑑往知來

健康養生

● 原油

　　全球的原油價格在2008年、爆發世界金融海嘯的前夕，即全球經濟景氣依舊亮眼之時，被美國小布希總統刻意拉抬至歷史天價，達147美元。其手段是藉故攻打伊拉克，控制伊拉克油田，炒高油價，回饋美國油商，但這個天價恐成歷史絕響。

　　自金融海嘯以來，世界經濟復甦有限，甚至呈現衰退趨勢，再加上電動車逐漸取代用油車，綠能光電又逐漸取代燃油發電，用油的減少是時代的新趨勢；再加上美國頁岩油的的投產，更增加了全球的石油產量供給。

　　由此看來，石油產業將逐漸成為夕陽產業，低油價時代的到來是不可避免的趨勢，產油國的好日子已經過去了，未來用油國將可以節省外匯支出，對經濟發展當有正面的助益。這正呼應了「風水輪流轉」是不爭的道理，「十年河東、十年河西」，30年則面目全非。

圖 2-13 ｜ 國際油價走勢圖

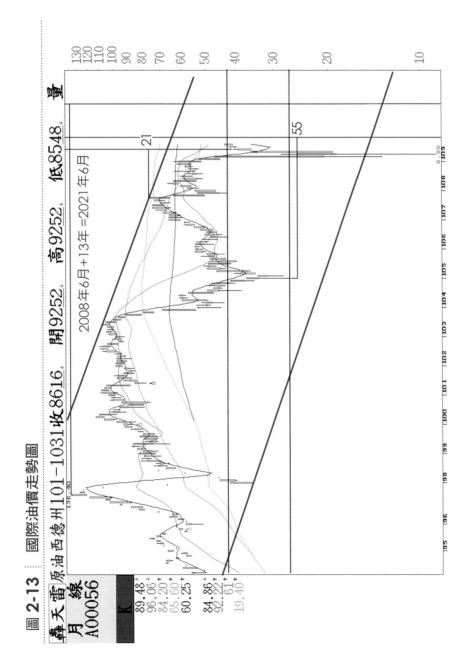

轟天雷 月線 A00056

原油 德州西德州 101－1031收8616↓ 開9252↓ 高9252↓ 低8548↓

2008年6月+13年＝2021年6月

2021
世紀大轉折

台股見證

歷史浮沉，看見波浪理論的偉大

◆ 林隆炫

事實上，任何市場變盤轉折，
包括大戶的操弄和各種消息面的試圖左右，
都逃不過「大自然定律」的制約。

40年台股行情
波浪理論最佳範本

台股在上下萬點之間，徹底展現了結合波浪理論與費氏數列所應該呈現的結果，非常具有參考性質，這正是兩者理論的實戰教學，甚至要運用到美股、陸股和其他股市都沒有問題。而本單元當中有兩大重點，包括台股的實戰經驗，以及技術性買賣點分析，這邊我們先提出來簡單說明，之後的章節中再來分別詳述之。

首先是以台灣股市的經驗，將波浪理論實際建構在台灣股市過去40年來最重要的多空買賣點，怎麼運用？是不是具有一個相當勝算的可靠性？如果答案是肯定的，或許可以幫助我們在未來的歲月中，於股市的漲跌起落之間，成為投資的最大贏家；二是在實證的過程中探討當時買賣點的時空及投資背景環境，做為日後股市投資操作的參考，或許有時真

正的低檔之技術性買點，會夾雜著投資環境面重大利空的衝擊。上述這兩點大家都可以先有認知和準備後，再從以下的實際驗證和分析中，歸納出屬於自己獨有的投資心得，進而好好在投資市場發揮了。

不可諱言的，波浪理論相當複雜，在股市上要運用自如是非常困難的事情，尤其波浪理論有相當多的例外情形，也許基本的架構只需要花1個鐘頭學習就能理解，但卻需要再花40年、甚至一輩子的時間去了解、熟悉，才能精通波浪理論的複雜波、不規則型態…等各種變形特例。

本書受限於篇幅，無法一一著墨，只能以最基本的原理、原則來運用分析，其實掌握好這些原理、原則後多加練習，也足夠應付大部分的變化了，當然，若能夠搭配其他技術分析將更增勝算。本單元將仔細回顧台灣股市將近40年來的加權指數月線圖，從此中可以看出「低買高賣」正是投資者賺大錢的惟一心法。但什麼是低點？什麼又是高點呢？這是一個相對的概念，以台股來說，高、低點的K線非常明顯，因此我們可以從中獲得非常多波浪理論的實務經驗，將之妥善運用，對未來的投資會有莫大的幫助。

關於這部分，由於看到1980年代以前股市屬於「初創期」，相關消息面的資訊還不夠透明、公開和完備，所以我們將以1981年開始到現在將近40年的時間為主，將各波段重要的買賣點用理論與實務逐一介紹。如此一來，各位讀者只要仔細反覆用心研讀，未來40年的投資規畫都可以利用這套模式成功設想出來，參考圖3-1。

圖 3-1 ： 40年以來加權指數走勢圖

★ 台股40年的發展，已經是波浪理論驗證非常好的範本了。

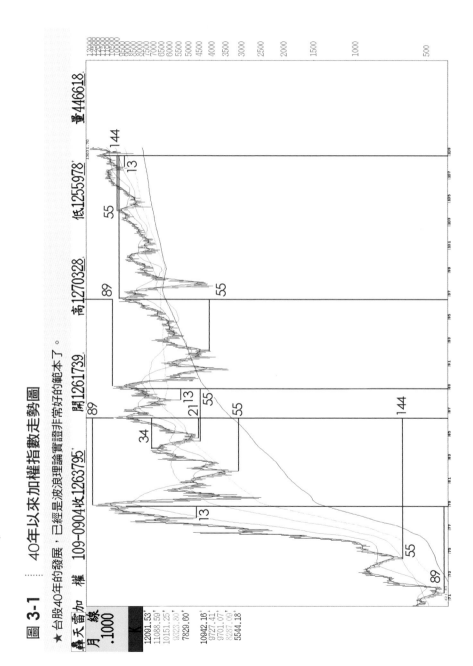

如果投資台股可以賺多少倍？

過去的40年台股其實提供了一個良好的獲利機會。從1982年8月的421點買進，到1984年5月969點賣出，在1985年7月636點補回，到了1990年2月12682點逢高出脫，在1993年1月3098點時補回，並於1994年10月7228點賣出，1995年11月4530點買進，直到1997年8月10256點再賣出，這是前40年來最關鍵的4次買賣動作。

如此的投資報酬率有多少呢？大家可以參考圖3-2就一目了然了。計算方式如下：

（969÷421）×（12682÷636）×（7228÷3098）×（10256÷4530）＝242（倍）

圖 3-2 | 金融風暴前加權指數走勢圖

★ 台股在1997年金融風暴前的走勢，與波浪理論、費氏數列完全吻合，懂得趨吉避凶的話，獲利倍數更是驚人。

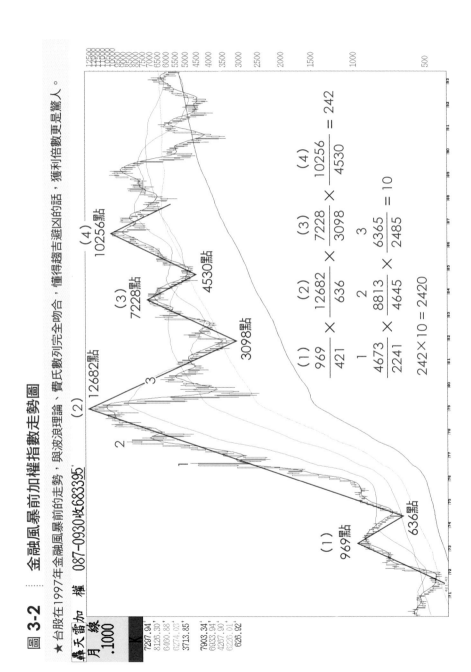

$$(1)\ \frac{969}{421} \times \overset{(2)}{\frac{12682}{636}} \times \overset{(3)}{\frac{7228}{3098}} \times \overset{(4)}{\frac{10256}{4530}} = 242$$

$$\frac{4673}{2241} \times \overset{2}{\frac{8813}{4645}} \times \overset{3}{\frac{6365}{2485}} = 10$$

$$242 \times 10 = 2420$$

也就是說，如果投資1萬元，經過近40年後就可以變成242萬元，這無疑是相當可觀的，其實也是最保守的投資報酬率。試想，如果當初投資的是10萬元，就變成2420萬元，就更可怕、也更可觀了。但是，實際上大家檢視一下投資成績，有多少人能夠達成這個基本的要求呢？

其實還不止，如果再加上另外3次的機會，則投報率更會飆升至2450倍左右，也就是：4673點賣出→2241點買回來→8813點賣掉→4645點買進→2485點買進→6365點再賣出。這麼做等於是避開了1987年腰斬的大回檔，也避開了1988年另一次的腰斬大修正，同時也掌握了1990年到1991年台灣股市大崩盤後的大反彈。

這就是股市誘人之處，不過，前提是要有一個具有相當勝算的分析決策方法，才能更準確的掌握這幾個重要的買賣點，這些買賣點我們就稱為「轉折點」，掌握住買賣點，也才能有2400倍的投資報酬率。而許多人會問，這些理論怎麼應付每天操作上的需求？因此，本單元的目的就是「提供大家在長期投資上能立於不敗，且投資報酬率相當驚人的方法。」

知識小百科

掌握買賣點，投報率20幾萬倍？！

股市的魅力就在這裡，如果以下各買賣點都掌握好的話，投報率是天數的229,806倍，成為億萬富翁可說是唾手可得！

✔ （969÷421）×（4796÷636）×
（8813÷2241）×（12682÷4645）＝186

✔ （6365÷2485）×（7228÷3098）×
（10256÷4474）×（10393÷5422）＝26

✔ （6484÷3411）×（7135÷3845）×（9858÷5255）＝6.6

✔ （9220÷3955）×（10014÷6609）×
（11270÷7203）×（12197÷9319）＝7.2

最後得出投報率：

186×26×6.6×7.2＝229806（倍）

見證1：
股市上萬點前的轉折

現在，我們就從1982年8月的421點開始說起，一步步進行波浪理論之台股經驗的實證。本單元關於台股在1997年亞洲金融風暴之前的論述分析，雖嫌冗長，但卻是不可多得的寶貴經驗。這段回憶是筆者在20年前記憶猶新的時候記錄下來的心路歷程，對於有心的研究者來說，是一段必知的台股歷史，缺少這一塊就很難成就登峰造極。

1982年8月，421點

1982年8月的421點是40年來相當關鍵性的低檔。這是從1978年10月688點所進行的一個長達4年長期空頭市場的結果，是一個階段性新低點。分析背景因素可發現，1980年發生了「兩伊戰爭」，導致全球石油危機。在這次的危機下，台灣景氣陷入嚴重低迷，所以股市跌到1982年8月421點。

圖 3-3 加權指數從421點漲到969點

★ 本波投資操作要領→（1）月線三陽線為為長多的先行訊號；（2）第1波3個月意味整理波為：3×1.618⁴＝21個月；（3）完成後拉回修正0.618。

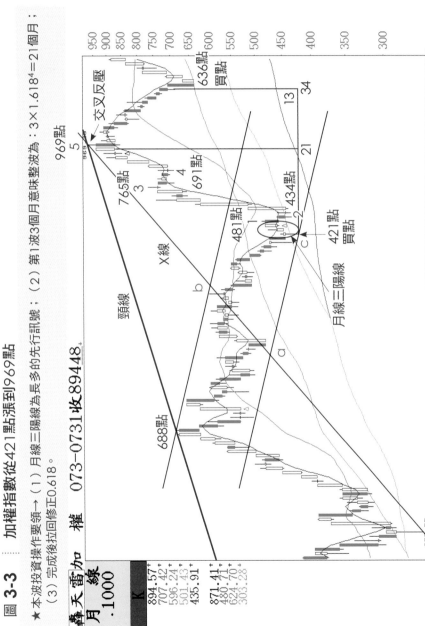

　　如果以「道氏理論」來觀察，421點剛好觸及10年移動平均線，打出一個長達半年的W底；以波浪結構來看，第1波開始進入一個大多頭的走勢。而波浪理論的多頭走勢應該有5波，第1波由421點漲到481點，第2波拉回到434點、沒有破底，符合第2波不能跌破起漲點的特徵。以道氏理論來看，421點、434點建構了一個長達半年的W底型態結構。

　　從434點上漲到765點連漲5個月，這是第3波主升段。主升段比起第1波來得強，主升段之後進行的是第4波，從765點整理到691點，前後為期5個月，即第3波漲5個月，第4波整理5個月，為1：1結構。第5波則是從691點再漲5個月，漲到969點，完成了1、2、3、4、5的5波段的結構，如圖3-3。

　　從圖中的起漲點可以看到「小三陽線」，而道氏理論的月線三陽線就代表長多發起訊號，也就是5波的結構，表示主力連續買了3個月，是股票市場成長訊號。重複一次！三陽線通常意味著長期多頭市場的來臨。至於三陽線的特色是什麼？答案就在對數螺線中所出現的費氏數列相關數字。

　　從台灣股市這樣的時間預測可以發現，第1波的長度

和大一層級的波之相對關係，應該是1.618^4，也就是乘以 6.85。因為第1波是漲3個月，所以接下來勢必和3、5、8、 13、21…等費氏數列有關，我們可以大膽預測這一波的5波 規模大概是21個月。

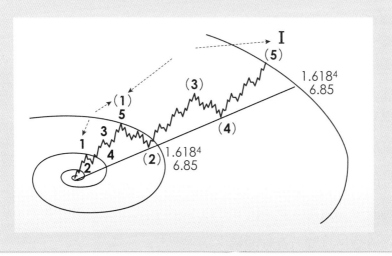

知識小百科

對數螺線&費氏數列的奇妙關係

由相關圖形我們可以得知，對數螺線的形狀像蝸牛、又像是漩渦， 奇妙的是，如此的構造再加上象限坐標，就可以看出其和費氏數列 的密切關係。對數螺線第1圈和第2圈的相對關係，即是1.618^4， 這數值就是第1圈和第2圈中間的距離。如果第1圈數字是3，第2圈 是1.618^4，即：一次方是5，二次方是8，三次方是13，四次方是 21。「21」是「3」的7倍，而$1.618^4=6.85$。

　　而從實際點數來看，在圖3-3當中，1982年8月的421點漲到969點，正好是21個月，969點就是21個月的轉折。若配合道氏理輪來看，188點和257點連接起來穿過596點的X線，正剛好落在969點；其次，如果把1973年最高點的514點和1978年的688點這兩個歷史性的階段高點連成一直線，即為「頸線」。而X線與頸線正好交叉在969點，形成道氏理論中相當重要的「切線雙重反壓」。再加上，5波段的結構已經完成，又面臨21個月的轉折，就形成了一個賣點。

　　這個969點出現在1984年5月15日，同年的5月20日是蔣經國總統就職日，當時整個市場自然顯現出期待的氣氛，希望國內外嘉賓都會到台灣來慶賀，大家想當然耳的認為政府會在政策上明顯做多。

　　但事實卻不然，從當年的5月15日開始，大盤自969點出現1根長黑棒重挫，蔣經國總統就職前連跌5天到5月20日，就職之後又大跌3天，跌到853點。由此可見，市場「想當然耳的利多」未必會實現，反而是技術性的作用顯現，這地方應該是個賣點。此處下跌的主要利空是因為「兩伊戰爭」仍然持續、且雙方互炸油輪。

$$\Xi波\frac{3}{5}$$

$$0.618 \Big\langle \begin{array}{l} 空間旅\ 0.618 \\ 時間回\ 0.618\ 。 \end{array}$$

● 如何計算回檔幅度

所以，從969點進行長期回檔修正，理論上應該修正 0.618。那麼應該怎麼算呢？首先，從「波」來看，漲5波要 回檔3波，即a、b、c波；第二，從空間而言，421點漲到969 點，漲了548點，而548點要跌掉0.618的幅度，等於339點； 因此，969點減去339點，預期回檔滿足點為630點。再從時 間的角度來看，從1982年8月的421點漲到1984年5月的969 點，剛好是21個月，再乘以0.618則為13個月。如此就表示指 數必須從1984年5月跌到1985年6月的630點，下跌時間總共 13個月。

為什麼要修正0.618？因為「21」的下一個轉折就是 「34」，而34＝21＋13，13＝21×0.618，漲了21個月就要 修正13個月，也就是「21＋13＝34」的變盤，因此，我們才 會說黃金分割率和費氏數列兩者蘊含了複雜的相關性。所以

0.618　　　　　1 2 3 5 8 13 21 …

可以歸納出，從969點下來會有3波段的長期回檔修正，空間 預估會跌到指數630點，時間上則要跌到1985年6月。也就是 說，在這裡可以勇敢的逢低買進，因為此處是969點下來的 13個月及421點以來34個月的變盤轉折點，未來會有一個上 揚趨勢。

圖 3-4 加權指數從636點漲到12682點

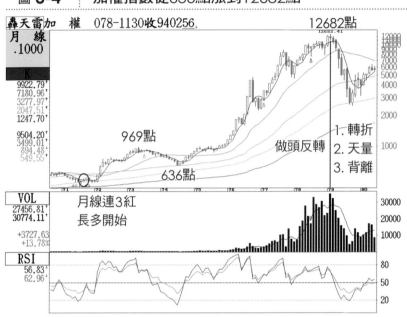

　　實際上，1985年最低的指數是636點，比預估的630點少跌了6點，且出現的時間是7月31日，比預估時間多跌了1個月。因此，我們要告訴大家的是「只要掌握住投資的大方向，至於時間的快慢、漲跌多少，其實並不那麼重要」。即使當下覺得很重要，但你事後總會發現，只要採取正確的投資行動，時間或空間的落差就不用太在意，因為，這對投資最終結果影響不大。重點在於，這樣的落差正是成為股市贏家必經的忍耐與代價。因為，從圖3-4就可以看出，台股在636點的5年之後─即1990年竟然漲到了12682點的歷史新

高,有著將近20倍的投資報酬率。

● 反市場操作

現在再來看看1985年7月為什麼會跌到636點?1985年時,台灣房地產非常低迷,房地產商紛紛倒閉,每天翻開報紙都充斥著許多公司倒閉的新聞,景氣相當差。就在這個時候,又相繼爆發了國塑事件、十信事件和國信事件,這3個事件代表爆發了景氣嚴重衰退的金融風暴。而這波景氣衰退應是導致大盤從969點跌到636點的主因。

但是,這樣具體的利空並未影響到技術面提供給投資人的建議,因為,從969點下來的是第13個月的變盤,也是421點以來第34個月的變盤(見圖3-3),技術面告訴我們要勇敢買進,但環境面卻要投資人小心謹慎,事後證明,這裡是歷史性相當重要的買點;也可以這麼說,它是股市投資者上半輩子最好的一次大獲利機會。

就個人的經驗來說,大多數的投資人都會把投資環境的背景因素做為買賣投資的參考,因此大多數人變成市場的輸家,反而真正的贏家,卻幾乎都是在大家全面退出的時候,

默默地買進好股票。

股票市場是一個徹底遵守「質量不滅定律」的地方。當整個市場因為環境不好時，大家紛紛退出市場，成交量急速萎縮，例如1985年的6、7月時，台股成交量平均是2億元、3億元，最低還出現過1億2000萬元；而在969點時，平均成交量則是20億元、30億元，最大量是36億元，如圖3-5。

由此可以印證，所有投資人都因利空、經濟衰退和金融風暴而退出市場時，市場的浮動籌碼都流到了有心人士手上了，讓這些人買到了階段性的最低價，5年以後獲取了平均20倍以上的投資報酬率。

421點和636點這兩個低點，都不是在利多環境的情況下鼓勵投資人買進的操作點，而是在明顯的大利空下出現的買點，所以，這種反市場操作的經驗是非常寶貴的。如何在反市場情況下找到致勝關鍵的買賣點，就必須充分了解技術分析和運用，尤其是波浪理論的時間變盤轉折點，再搭配道氏理論做綜合判斷，才能在多數人當中脫穎而出，成為少數的股市贏家。

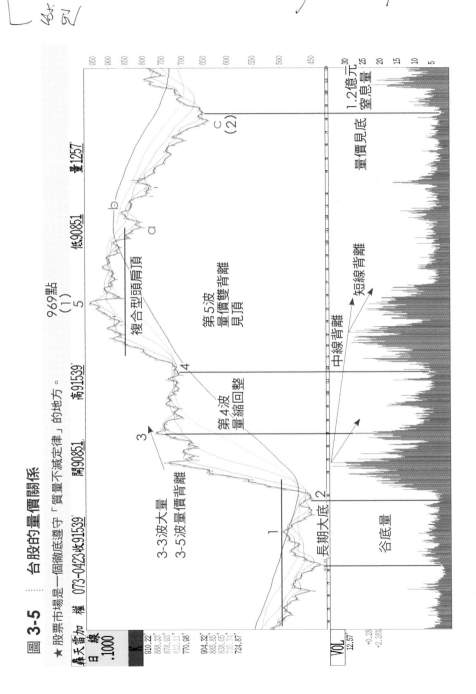

図 **3-5** ▏台股的量價關係

★ 股票市場是一個徹底遵守「質量不減定律」的地方。

1985年7月，636點

1985年7月的636點，是半輩子才能看到一次的最大一波股市大多頭漲幅的起點。前文提到，其實1985年6月當時的投資環境並不是非常有利，反而出現經濟衰退、金融風暴、廠商接連倒閉的惡劣金融環境。但我們從波浪理論或技術分析的角度來看，1985年6、7月是一個非常具關鍵性的「13」、「34」費氏數列變盤轉折點，其修正也符合空間比例的0.618。但是，在技術性的有利買點和投資環境面，該如何做抉擇呢？或許以下的例子將可以提供一個非常好的歷史經驗，做為借鏡和參考。

我們可以設想一下：如果在1985年7月的636點附近低價買進股票（雖然比波浪算出來的時間點落後1個月、指數少跌6點，但這是波段投資必須忍受的代價），而買進之後應該抱到什麼時候？如何從波浪理論來看？

根據波浪理論的13、34變盤轉折點推算，如果以「13」來看，下一個變盤點可從費氏數列中算出，其數列為「8、21、55」。這表示8個月後會碰上「21」的變盤、21個月後會碰上「34」的變盤、34個月後會碰上「55」的變盤、55個

月後會碰上「89」的變盤。從「13」跟「34」的雙重轉折來看，根據費氏數列推論出未來可能的變盤有三：（1）最少會有8個月的上漲機會；（2）如果8個月沒有停止，會有21個月的多頭走勢；（3）若是仍未停止，則有55個月的上漲機會。而這一波最多只能漲到55個月。

如果以1985年7月的起漲點來看，加8個月為1986年3月，亦即最少漲到該月；如果沒有停止，下一個階段會漲到21個月，亦即1987年4月，這表示如果1986年3月之後指數又創新高，意味著這一波行情會上漲到1987年4月；但若4月之後指數又創新高，表示大盤又可以漲55個月，漲到1990年2月，而且最多能漲到1990年2月為止。

當然，在起漲點時最好就能掌握這3個可能的波段行情，不然也可用土法煉鋼的方式，亦即：先做多8個月，如果過了8個月後指數又創新高，再持續進場做多；21個月後如果再創新高，就持續進場做多至55個月。

事後證明，這波行情確實是一波大多頭行情，其時空背景處於一個金融風暴、經濟衰退等利空不斷的環境，但因政

府有鑑於景氣的低迷、企業紛紛倒閉的影響（即「國信事件」），採取了諸多手段，以期挽救經濟景氣。政府於1985年4月，責成當時的黨營機構—中聯信託，執行政策性做多，類似於幾年前中共軍事演習時、政府成立股市穩定基金一樣，當時以近20億元資金，把大盤從636點拉到986點。

從636點到986點漲了8個月（即1986年3月），其上漲動力為政府全力做多，之前從969點跌到636點，共跌了13個月。換言之，636點用8個月的時間上漲到986點，創下台灣股市的歷史新高，但是，就在成交量開始放大、市場樂觀氣氛濃厚時，出現了技術性的變盤轉折點。從636點到986點是8個月的變盤；從969點到986點是「跌13、漲8」為21個月的變盤。所以，986點再創新高之際出現8個月跟21個月的變盤轉折點，表示這也是一個「調節的賣點」。

至於賣掉以後有沒有出現回檔？有的，事實上，當時出現了2個月的回檔，大盤跌到882點，類股平均跌了15%～20%，指數修正了12%。但是，理論上從636點漲到986點，漲了8個月後回檔修正0.618，應該是5個月，因此1986年3月修正了5個月，換算1986年的底部應該出現在1986年8月。

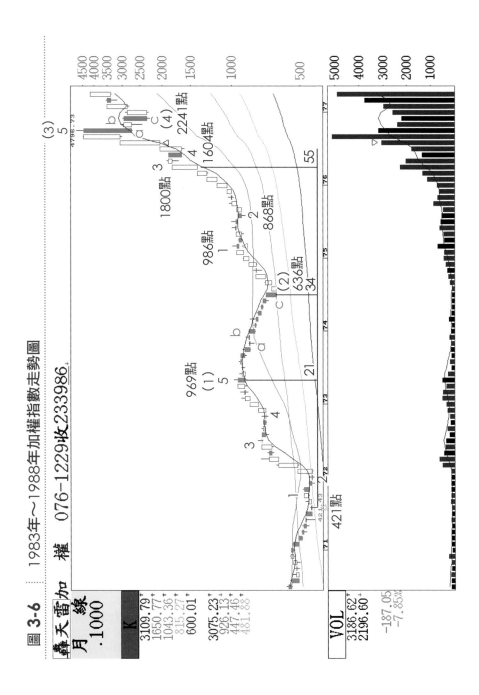

圖 **3-6** ┊ 1983年～1988年加權指數走勢圖

轟天雷加權　076-1229收233986

　　然而，經過3個月的下跌，台股在1986年的4月即出現882點，之後又展開一波將近2個月的上漲，漲到7月時指數已經上看996點，雖然只比986點漲了10點，但其象徵意義重大。因為，1986年7月指數創新高，意味著986點的8個月之變盤轉折點應該不是這波多頭行情的終結點。

　　既然8個月的最少漲幅不是多頭的終結點，也就暗示這一波漲勢至少有21個月、到1987年4月為止。所以，在1986年7月就可以確定這波行情尚未結束，如果這時勇於進場，恰好可以買在996點，但這樣卻有中期追高之嫌。

　　因為，根據之前的推估，合理推估1986年8月才是年度拉回的買點，從3月的986點再加5個月，就是1986年8月，剛好是986點下來的5個月的變盤轉折點，也是1985年7月636點「漲8、跌5」之13個月的變盤。所以，1986年的變盤轉折點會落在8月。

　　實際上，868點是1986年可以買到的最低點，也是絕佳買點。整個1986年是屬於一個大盤檔，將近1年的時間進行1成幅度上下的狹幅盤整。依照道氏理論，過去2年曾在853

點～969點之間盤整做頭，為將近8個月的複合型頭肩頂，因此這裡需要同等規模來消化長達8個月的複合型頭肩頂。這也是為什麼再挑戰1000點關卡這麼困難，主要就是因為有一個頭部要消化的緣故。

但在1986年6、7月時，指數漲到了996點之後，是什麼因素導致大盤跌到1986年8月的868點？簡單來說就是台幣大幅度的升值。在1986年台幣是採固定匯率緊釘美元，以40台幣兌換1美元，但從這時開始，台幣放棄固定緊釘美元匯率，改採浮動匯率，台幣就出現大幅升值，而股市也開始大幅下跌，從996點下挫至868點。

此時，匯率的問題和股市漲跌產生密切關係，當時台幣兌美元由40：1到1986年8月868點時已升破37：1，但是為什麼當年台幣升值、股市大跌，而近年來會出現台幣貶值、股市也大跌呢？這仍有待匯率及金融面探討。

當時台幣兌美元升值到37：1，造成股市大跌，創出1986年8月868點的年度新低，但由於是「5」、「8」的轉折點，漲8個月、修正5個月，屬於修正為強勢的平台式整理，

所以未將漲幅的0.618跌掉。

到了1986年8月的868點之後，就整個波段來說，這是3–2波，從421點漲到969點是長期第1波，跌到636點是第2波，從636點漲上來就是長期第3波，而且不會太短，因為，636點到986點的上升角度比下跌角度陡，代表長多的力道略勝長空的力道，因此可以認定這波行情尚未結束。下一個目標將是1987年4月，如圖3-6。

1987年4月，1800點

由圖3-6可以看到，在1987年4月轉折賣點出現1根長紅，當時市場行情熱絡，投資人勇於追價。如果以費氏數列的轉折點來看即可發現，636點到1987年4月剛好是21個月的變盤，從969點來算，跌到636點是13個月，因此969點到1987年4月就是「13＋21」，正好是34個月的變盤。421點漲到969點是21個月，所以421點到1987年4月的1800點剛好是55個月的變盤。

因此，1987年4月面臨了很重要的三重轉折。這樣的變盤轉折點格局是非常大的，重複出現的轉折點一定要非常重

視，所以為了慎重及安全起見，我們最好在這裡先做賣出的動作。

雖然在1800點出脫後，1987年5月大盤仍然向上揚升到1906點，1個月後少賺了100點，但這是必須付出的代價；不過，2個月後大盤即從1906點大跌到1604點。因此，想要操作好一個大波段是必須有些犧牲的。

接著，在1604點後（即636點以來的第24個月）出現1根長紅，拉到2000多點，明顯突破前一波1906點的高點，如果這一波行情只有21個月，那麼就不可能在第24個月又創歷史新高，顯然這波行情不是21個月所能規範，儘管在1987年4月面臨了三重時間變盤轉折點，但多頭仍未能結束，這也象徵了未來還有一波更大的多頭走勢在後面，所以應該有55個月的行情，也就是會漲到1990年2月為止。

若從波浪理論的結構來看，3–1波漲8個月共漲了5成，986點回到868點是3–2波、經過0.618的5個月時間整理，再從1986年8月的868點漲上來是3–3波。3–3波走勢比3–1波強，這是主升段格局的特徵，而3–4波比3–2波的整理格局

小，因為根據波浪理論的第2波、第4波交替法則，若第2波是平台的複合式整理，那麼，第4波就會是一個快而猛的簡單波整理。

所以，在1604點之後就是進行3–5波了，其特徵是「末升段的噴出行情」，這裡也是台股有史以來在最短時間內上漲角度最陡峭的一波。從1987年7月1604點，只用了3個月的時間即漲到4673點，盤中最高點還看到4796點，統計從1604點漲到4800點剛好漲了3倍，這部分在圖3-7當中可以窺見。這也給了我們一個啟示，股市變動很快，翻臉如翻書一樣，會漲的時候、3個月可以漲指數的3倍，換句話說，如果是在1604點買進的話，3個月後的投資報酬率是300%。

再看長期的第3波，是從636點漲到4796點，將近有7倍多的幅度，時間前後26個月，最重要的轉折在第21個月。這也表示在一個大多頭行情中，波段的變盤點並不是那麼明顯，如果連這一波也能充分把握，在第3波高點4673點賣出之後，還能在3個月後的2241點再補回，那麼，投資報酬率就可以達到480倍。所以，只要能夠掌握到每一次的關鍵波段，就可以使投資報酬率達到倍數成長。

圖 3-7　　長期第3波主升段從636點到4796點

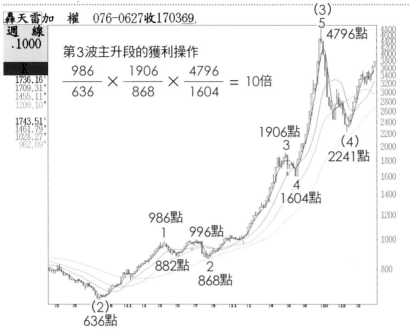

第3波主升段的獲利操作

$$\frac{986}{636} \times \frac{1906}{868} \times \frac{4796}{1604} = 10倍$$

但是，又怎麼知道要在4673點賣出呢？因為在每天股市瘋狂上漲的時期，賣點是相當難以拿捏的。就長期來看，這時完成5波顯示已經到了末升段，如果配合道氏理論的正乖離（這裡所用的正乖離是30日移動平均線）就可研判，當時4796點到30日（月線）的正乖離是30%，意味著過去1個月平均買進的人獲利率是30%，這也是台股有史以來最大的正乖離。大盤因正乖離過大而拉回，證明了「頭部無壓，物極必反」的道理。

1988年1月，2241點

漲到4796點之後，由於正乖離過大，指數拉回時就像橡皮筋彈回一樣跌深，以3個月時間跌回2241點。但這裡的回檔卻是「2黑包1紅」，如果是正常情況，從4673點跌到2241點，跌了快2400點，也表示1個月跌800點，市場會認為它形成「三陰線」。不過，這是有問題的，因為「三陰線」是長期空頭市場的特徵，但在此處多頭尚未結束，所以不能這樣跌，因此，這3根月K線不是「三陰線」，而是a、b、c的3波段中期回檔，如圖3-8所示。

這也是長期第4波的修正，其修正規模是對應於長期第2波修正，在跌到2241點的時候又是個買點。由於當時1000點、1604點的原始上升趨勢剛好在2241點附近，且年移動平均線也上移到2000多點的位置，從技術線型來看，是拉回可以考慮的介入點。因此，從2241點開始進入長期第5波的末升段走勢，這一波之所以能持續這麼大的行情，自然有其背景因素。

從636點到12682點這一波的成交量觀察，前者最低成交量是1.2億元，後者最高成交量則是有2162億元，期間成交量

放大將近2000倍，這種量能放大的能力非常明顯的已經遠遠超過理性能夠預期的範圍了。有些人喜歡去預測未來的量有多大，根本就是緣木求魚而不切實際的想法。

圖 **3-8**　　加權指數從4796點跌到2241點

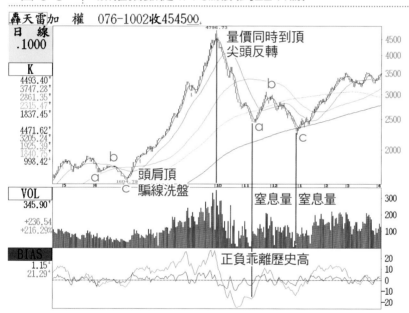

「成交量快速放大」是支持這波行情上漲的主因，但是為什麼會有這麼大量呢？當然與政府的金融政策有關。由於當時景氣衰退，政府為了刺激景氣，採取大幅寬鬆資金的作法，使得許多的套利熱錢自全世界湧入台灣，所以台幣升值雖然會導致出口競爭力下降，但也同時大量引進了國際的流

動性套利資金，帶動資金行情。在1987年的時候，貨幣的供給連續3個月超過50%，比現在的規模大多了，導致因資金旺盛而成交量不斷擴大的情形，也造就了許多人上半輩子所見最大的多頭走勢。

從2241點開始進行的長期第5波，目標時間是55個月，亦即漲到1990年2月。但這波長期第5波和第3波不同，若從技術性來規畫可得知，第1波是4673點、第2波是2241點、第3波是8813點、第4波是4645點。不過，因為波浪理論的第1波和第4波不能重疊，而4673點和4645點重疊了28點，根據過去經驗，即使重疊1點也要計算，因為指數出現重疊一定事出必有因，一般認為這是在交代未來「波」的發展形勢。

換言之，從2241點開始是長期第5波，所以2241點到8813點是5–1波，8813點下來是5–2波，和長期第3波重疊，5–4波是7699點、或是7888點也好，這2個低點均與5-1波的8813點重疊。一般而言，在標準的波浪理論中，第1波與第4波是不能重疊的，但有個例外，即所謂的「楔形」，這裡是指2241點以45度角切上來，再與8813點切過來的切線相交，所形成的三角形，如圖3-9。至於「楔形」的發展有其背景，

通常都是成交量一直居高不下，只要呈高塔式的成交量，就會出現高檔鈍化的楔形走勢。從2241點到12682點，剛好走完楔形的1、2、3、4、5共5波的結構。

圖 **3-9** 　楔形結構的研判

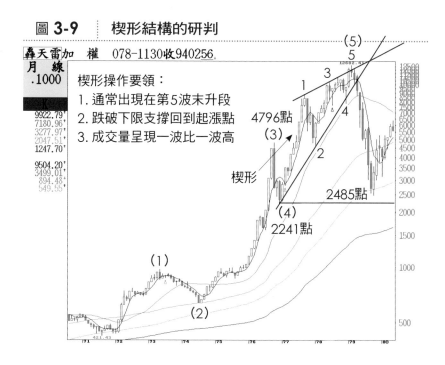

1990年2月，12682點

　　回顧過去40年的台灣股市，12682點絕對是個關鍵點，到目前為止，能否成為股市贏家，12682點扮演很重要的角色。回頭來看，當初在12682點出脫持股的人至今都是股市贏家；反之，若在12682點勇敢買進股票，這30多年來恐怕

都仍被套牢而苦，畢竟12682點是台股的歷史性高點。

然而，若在12682點買進的是長期具前瞻性的個股，就是所謂的高科技電子類股，則到現在還是發財的；如果買的是夕陽產業，到現在不僅無法解套，還會虧損連連。因此，在歷史性關鍵點，「頭底決策」的正確與否，將攸關投資股市的成敗。那麼，在12682點所出現的賣訊有多明確呢？

首先，若以波浪理論的角度而言，12682點來到5–5–5波，亦即是長期第5波的末升段中之中期第5波中的短期第5波，這就是大多頭行情結束的點。其次，由時間的角度而言，從13、34的轉折來看，636點起漲點推算的8、21、55個月，這3個可能的波段漲幅，其中最大的是55個月，剛好落在1990年2月，也是轉折「55」的最大滿足點。

如果從更起始的421點這個起漲點推算，總共「漲21個月、跌13個月、又漲了55個月」，所以，從421點漲到12682點算是89個月，而從636點起漲來共計55個月，這段期間出現了「55」和「89」這2個雙重轉折點，如圖3-10。

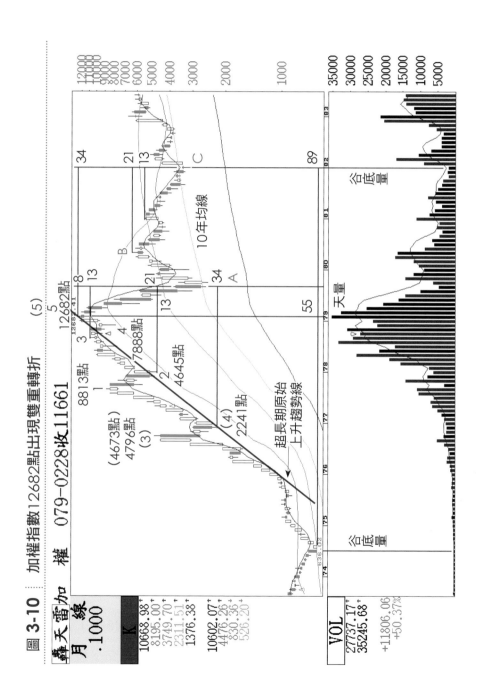

圖 3-10 加權指數 079-0228收11661 (5)

　　就費氏數列而言，愈大的數字愈可靠，如果再配合道氏理論的趨勢線，從1987年的1000點、經過1987年拉回的2241點，這2個低點建構起超長期的原始上升趨勢。這條原始上升趨勢線切上去以後在4645點觸及趨勢線開始回升，到了1989年拉回7699點，又碰到趨勢線彈到10843點，但接著出現1根長黑，這根長黑跌破了636點上來、長期5年的原始上升趨勢線，就道氏理論的配合印證，首度正式跌破原始上升趨勢線，代表這一波的多頭趨勢已經接近尾聲。

　　在跌破上升趨勢線時，切記要採取停損的動作。台股在這2個月跌到7888點，跌了將近3000點，而7888點也已經接近7800點的底部頸線，在這個地方要避免殺低，因為跌破上升趨勢線之後，還有一個「逃命線」。所以在跌破7888點會再往上彈，漲到了12682點創歷史新高，但是上檔剛好觸及原始上升趨勢線跌破之後的X線反壓。因此，不論是從波浪理論、還是道氏理論的角度，都屬於技術性的賣點。

　　如果技術性很明確的出現55、89的變盤轉折點，又完成了5–5–5波的波段滿足點，且跌破道氏理論的5年上升趨勢線，並觸及X線的反壓，還碰到楔形三角形的交叉反壓，則

可以從技術性的角度研判這是賣出的訊號。

1990年2月12日出現新高點12682點，而2月11日是星期日，也是當年的李登輝確認為國民黨總統候選人、且提名李元簇為副總統候選人的日子。當時的會場上有人提議以無記名方式投票，但也有人認為起立鼓掌通過即可，這些異議的出現到底是利空？還是利多？有些看好的人解讀為這是台灣跨出民主的第1步，視為利多；但保守的人認為這顯然是政治性隱憂，可能是政爭的開始。

不管是跨出民主的第1步、還是政爭的開始，都不是那麼重要，當時個人就認為應該由市場決定。結果，1990年2月12日當天，一開盤指數開高到達12682點，但賣單遠大於買單，顯示雖然開高、大部分人卻站在賣方，所以開高後開始下跌，也從那天開始，一直到2020年才再創歷史新高。

見證2：
萬點至金融風暴轉折

當台股創下12682點歷史新高時，市場普遍性的看法可歸納為3種：（1）極端保守的分析師認為，當時的12682點可上看13000點，還有300多點的空間，所以不用賣；（2）比較平和的分析師認為，合理上台股應有15000點的實力；（3）比較敢言的人則認為，台股達到30000點或許不會有太大的問題，因為日本股市當時達到38900點。

那時候市場的投資人幾乎都相信30000點這個論點，因為當時的交易狀況在1年來持續每日成交量達2000億元；再者，開戶數達500萬戶，大概每個家庭都有人開戶買股票；而且當時證券商達300多家，幾乎可以算是「全民運動」。從這些盛況可看出股市一片榮景，但市場卻已達到「頭部無壓」的地步，所以最終也只是「物極必反」而已。

12682點，曇花一現的歷史新高

由12682點反轉下跌的跌勢乃是波浪理論的「55」、「89」轉折點，可見即使整個市場都看好的情況下，股市該跌的時候還是會下跌，而且跌幅是台股有史以來最大的。短短8個月的時間，指數從12682點跌到2485點，若以比例來看，8個月的時間，投資的股票打成了2折。只能說，股市的變化非常大，該賣的時候仍然應該勇於出脫持股才是。

至於12682點跌下來會整理多久呢？由於變盤轉折點是「55、「89」，而「55」的下一個變盤是「34」、「89」，那麼對「89」而言，下一個變盤點就是「55」、「144」，所以這兩個數字可衍生4個變盤轉折點，即：34、89、55、144。但因為格局太大，通常會忽略這4個變盤轉折點。

但如果仔細觀察會發現，這4個變盤轉折點都會在未來的某個時間點出現關鍵性變盤。以「34」這個轉折點為例，對應的點數是3098點；「89」則是對應1997年7月，點數是10256點；對89的55是1994年9月，點數是7228點：144個月後（12年後），也就是2002年2月。換句話說，這4個轉折點在12682點之後的8年內已出現3098點、7228點、10256點

等關鍵轉折點；而2002年的時候，勢必也是重要的關鍵轉折點。因此，我們可以發現，不論是就自然法則或是波浪理論的結構而言，股市的轉折點似乎都是預先既定的，也就是說，自然法則已規範了整個股市大趨勢的格局。

所以，如果從55個月推出的下一個轉折點，最小的是「34」，即1990年2月再加34個月，會出現在1992年12月。換言之，這一波下來的空頭走勢理論上要走34個月，當然，這34個月會以3個波段下跌，亦即所謂的a、b、c波，完成的時間會在1992年12月，在那之後才是長期投資的進場點。

因此，台股用8個月的時間就由12682點跌到2485點，這是A波，反彈8個月到6365點是B波反彈，再進行C波，做34個月的大修正，理論上直到1992年12月結束，但實際上則是到1993年1月8日結束，中間只差了一個元旦假期。

從12682點跌下來到1993年1月，剛好是34個月的變盤轉折。如果再看由636點到12682點，漲55個月，而12682點跌到3098點是34個月，「55＋34」是89個月，所以1993年1月的3098點，是「34」跟「89」的轉折點，如圖3-11。

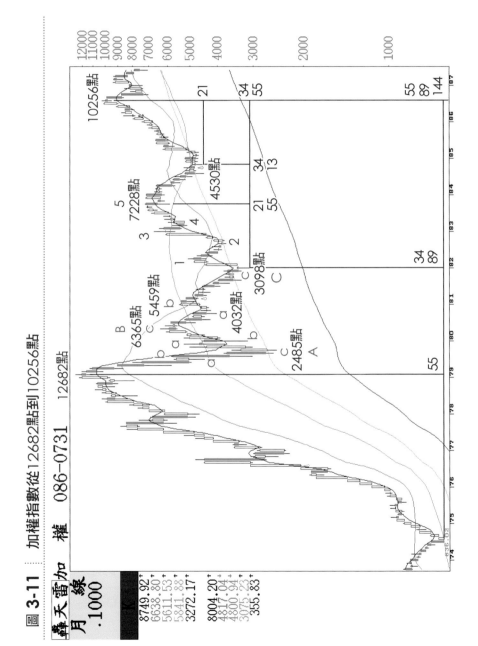

図 3-11 : 加權指數從12682點到10256點

轟天雷加權線

加權 086-0731 12682點

宇宙法則

宇宙密碼

台股見證

鑑往知來

健康養生

台股進行到1993年1月的3098點，為第34個月的轉折，但為什麼低檔會落在3098點？或許投資人會發現，還有一個2485點這個更低的買點，該如何判別呢？因為若以轉折點而言，低點應該在3098點。

3098點和2485點這兩個點，如果以轉折點的角度來看，這裡很明顯就是「34」與「89」的轉折；至於空間呢？如果以實質、傳統的算法是不容易算出來的，因為上一波從636點漲到12682點，若是回檔修正0.618的目標點是在5000多點，也就是當時行政院長所說：「5000點是台灣股市長期投資的合理價位。」

如果從636點到12682點，回檔修正0.618，大概會落在5237點，但是實際上台股並不是跌到5237點而已，雖然4450點反彈到5822點，在5000點有初步反彈的動作，可是為什麼又會出現兩個月的大暴跌、跌到2485點？以投資環境而言，在這時期正值美伊戰爭所引發的中東危機，導致股市跌到2485點。但是若以修正0.618的距離空間來看，倒是差不多，且以三角形的基本結構來看，其比例關係是一樣的；所以，這個0.618似乎指的是距離長度的比例。

知識小百科

波浪理論特殊結構—三角形整理

在12682點修正到3098點的過程中，2485點是A波，6365點是B波，3098點是C波，但是理論上C波應該比A波低，為什麼沒有呢？因為它是呈現「3、3、3」波，即所謂的「三角形整理」。

12682點下跌至2485點的過程中，8根K線裡有1根紅K，所以a跌了5個月、跌到4450點；從636點漲到12682點，時間上漲了55個月，中間的月線沒有出現三陰線，直到12682點才出現三陰線，象徵長期空頭修正的來臨，結果卻跌得比三陰線還嚴重，跌成了「五陰線」。因此，4450點是a波，5822點是b波反彈，2485則是c波，而此波下跌導火線是「政爭」。

當時中央政府的人事任命案，從郝柏村院長到各部會首長，一直到4450點時里長選舉，等到一切底定後產生反彈行情，之後a、b、c一路探底，從2485點再反彈後出現a、b、c，後來從6365點又可以清楚看到，a是4032點，b是5459點，c是3098點，這就是「3、3、3」波，亦即所謂的「三角形整理」，而不是走「5、3、5」波的鋸齒波。

由於是「3、3、3」波，A波是暴跌，所以呈現的是三角形，C是縮腳，也就是一個失敗波，因此3098點要比2485點來得高，這是屬於波浪理論的特殊結構。所以，當跌到了3098點的關鍵買點時，整個市場很少人認同，當時的看法認為：保證會跌破3000點，而且2485點恐怕也守不住，目標看到1600點。因為，大家都以a、b、c波分析，而無視於「3、3、3」波的三角形、即第5波的縮腳狀況。

1990年10月，2485點

3098點和2485點是非常重要的買點，因為只有掌握這兩次買點跟6365點的賣點，才能真正從4次買賣點的240倍的投資報酬率，放大到2400倍。首先，以時間的角度來看，2485點是不是有一個關鍵轉折點？波浪理論中提到，在多頭市場結束時，行情的拉回整理會回到第4波的結束點。

前述的2241點漲到12682點，第5波的起漲點（即第4波結束點）是2241點，而這個點是怎麼來的？那是因所謂的「大信事件」，亦即當時的「多頭總司令」雷伯龍發生違約交割案，所以出現2241點的探底。同時到了2500點則是因為蔣經國總統過世，產生民眾情感面或是實質面上的大利空，很難評估對台灣經濟、政治的影響。

但是，在經過3個月的整理後，股市已經打出一個底部，在這個階段已完成80%的W底狀態之下，即使出現蔣經國總統過世的利空，對股市而言，剛好憑藉這樣的利空達到徹底洗盤、加速清理浮額的結果。

因此，即使蔣經國總統過世的第2天出現大崩盤，但等

到收盤時跌停卻又紛紛打開。也就是說，因為利空而使得這一些浮動的賣壓，一口氣統統被有心人士收走。從隔天開始，大盤持續上漲8個月，漲了6000點。因此，對股市來說，這似乎可以解釋為「利空出盡」，甚至是利多的展現。事實上，說穿了它只不過是一個籌碼的分布狀況，這樣的利空消息是實質的，但對股市的影響剛好就是加速整理完成。

當然，8813點的崩跌是在一個漲完1、2、3、4、5波之後，因為證所稅而暴跌19天的結果。從技術線型來看，最難出脫的就是8813點，如果勉強出脫，最主要原因就是漲幅已大，而且已接近5波段的完成點，進而改採中長期的操作策略，才會在8813點進行減碼。

至於8813點的賣點，因屬消息面政策利空，在技術分析上是最難掌握的。從8813點跌到4645點，這是原始上升趨勢線的支撐，也是年線支撐所在，這個買點和2241點有相當多雷同的地方。既然2241點是第4波的結束點，所以12682點跌下來之後，這空頭修正回到第5波起漲點，是可以理解的，所以，2485點就沒跌破第4波的2241點。波浪理論中，一個空頭走勢應該不會跌破前一波多頭市場的第4波結束點，所

以為什麼會跌到2485點的原因應該在這個地方。

那麼2485點為什麼是一個買點呢？從時間的角度來看，由1987年12月的2241點往上算，1988年1月起漲，從2241點漲到10843點，上漲的時間是21個月，也是費氏數列的「21」時間轉折點，所以到了10843點之後，開始回檔修正「21」的變盤轉折，應該回檔修正13個月，而從1989年9月再加13個月，就是1990年10月。

因此，1990年10月的2485點，剛好是2241點漲到10843點的第21個月之後開始走13個月的回檔修正。所以，2485點是2241點以來「34」（21＋13）的轉折，也是10843點歷史次高點下來第13個月的轉折。

再看第2層，從1989年1月的4645點，即上一波的起漲點，到1990年2月12682點，剛好1年1個月的時間，是13個月的時間循環轉折點，到12682點修正「13」的0.618，在8個月後會碰到「21」的轉折。因此，12682點下來應該修正8個月，亦即1990年10月，這是時間轉折點，也是前一波起漲點4645點後「21」（漲13、跌8）的時間轉折。

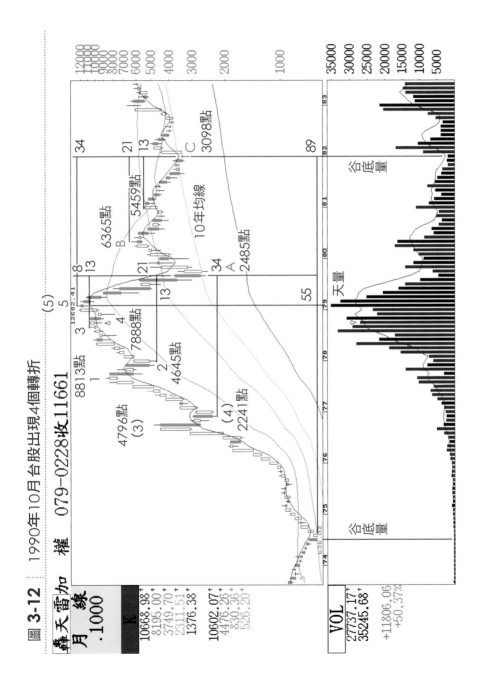

圖 3-12 1990年10月台股出現4個轉折

如此一算即可知道，這也是1990年10月為什麼在中東危機之下還是個買點的主因。由於它涵蓋了過去3年來最重要的4個轉折，2485點是12682點第8個月的轉折、10843點下來第13個月轉折、4645點以來第21個月轉折、2241點以來第34個月轉折，總共4個費氏數列的轉折；當轉折點重複出現愈多次，買點的可靠性就愈明顯。因此，就算是處在中東危機之中，就轉折點而言，1990年10月確實是一個逢低的買點，如圖3-12。

1993年1月，3098點

如果從空間來講，0.618可能無法幫助我們在2485點撿到便宜貨，但到了這時候，市場也是相當悲觀，有的看跌到1600點，甚至有人喊800點，下跌速度快到讓大家都怕了！那為什麼會在2485點止跌了呢？這可由道氏理論來解釋。

在圖3-13上可以明顯的畫出1條貫穿台股的頸線，這條線是由台灣有史以來第1次的「台糖事件」頂點（也就是1964年的208點）與第2次頂點（1978年10月上一波大多頭的完成點688點），這兩者拉出1條線出來，這就是「長期的大頸線」；這條頸線直到1987年的1604點才出現具體的突破。

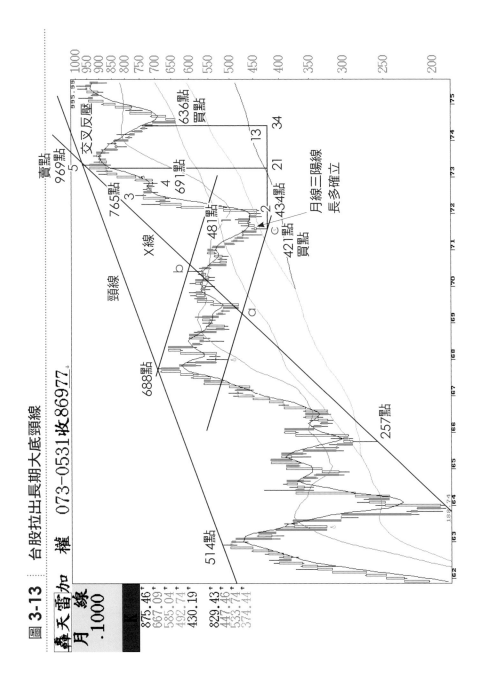

圖 3-13 台股拉出長期大底頸線

宇宙法則

宇宙密碼

台股見證

鑑往知來

健康養生

所以，台灣有史以來3個月漲幅最大的一次，即1987年這波漲幅，就是衝破了「長期25年台灣大底的頸線所產生的全面多頭、供需失調、全力搶進」的突破，之後，這條線變成支撐。由於其格局非常大，幾乎為「地平線」現象，按理說，這條地平線可以支撐25年、到2011年，突破之後再宛如自由落體下降，藉著這條地平線，才能在2485點止跌。

其次，台股在2485點又假跌破10年線，而且有4個費氏數列的時間轉折，因此，在嚴重超跌的情況下，2485點是一個買點，在這裡買到的人才有機會取得2485點到6365點的獲利機會；在此之後所需的時間是21個月，所以跌8個月、再反彈8個月。事實上，12682點的55個月的0.618是34個月，即1992年12月；12682點到3098點是34個月的變盤，6365點到3098點是21個月的變盤，1992年1月5459點到1993年1月剛好是13個月的變盤，見圖3-12。

回頭看3098點過去3年的高點：12682點、6365點、5459點，這3個高點在這裡呈現13、21、34的三重變盤轉折點。再加上，從636點來到3098點，低點到低點，出現「89」的變盤轉折點，所以3098點完成了34個月的整理，又

是觸及到2485點連過來的長期最大地平線的支撐，因此，不論在空間、時間，都是一個買點。

儘管3098點所處的時空背景利空頻傳，如1992年的下半年有中韓斷交，是台灣在外交方面的挫敗；又有「厚生事件」，因違約交割造成「多頭總司令」二度陣亡；且在1992年12月，為前兩屆的立委選舉，執政的國民黨失利，導致民進黨在立法院的席次增加，也促使1993年元月進行內閣改組，郝柏村院長辭職，由連戰接任。

簡單來說，3098點這個位置是個政治危機，也是相對低檔落底的環境背景。從時間、空間或是線型支撐，3098點都是一個難得的買點，配合利空不斷的外在因素，達到反市場買點的現象。若從3098點做投資買進的動作，那麼下一個階段的賣點在哪裡？應該要這麼算，「34」有兩個轉折點，一是「21」，一是「55」，而「89」的轉折點為「55」與「144」。

我們以最小21個月的轉折點算，會碰到「21」與「55」，所以12682點跌到3098點是34個月，從這裡上去

0.618是21個月，1993年1月再加1年9個月，可以推估這個上檔賣點的目標，應該是在1994年10月。

從3098點漲到1994年10月應該呈現5波的結構，所以我們可以發現，第1波從3098點到5091點，拉回到3740點是第2波（雖然這裡的整理幅度稍微大了點、時間稍微長了點）；而3740點到6719點是第3波，拉回到5125點是第4波，且剛好比5091點高了34點。

那麼為什麼到了5125點會止跌回升呢？因為若5125點觸及了5091點，就會產生1、4波重疊，不利於未來多頭的進一步發展，反而會變成a、b、c的反彈。因此，多頭守住了5091點，到了5125點又可看到波浪理論的5波結構，而預期的21個月的轉折點會產生於1994年10月。所以，我們可以清楚的看到，從3098點用5波的波型是走完21個月，到1994年10月的7228點達到階段性的目標。

到此為止，從3098點算到7228點是一個21個月的轉折。從10256點計算，則是跌34、漲21，是「55」的轉折，所以，到了1994年10月的7228點剛好是費氏數列的21、55的轉

折，就空間來講，又碰上3年的新高，在這樣的情況之下，當然是一個階段性的賣點。

在此還要補充一個觀點。前面談到的421點到481點，第1波是3個月，所以完成一波、即大一層級的5波完成點，是3乘以1.618的四次方（即6.85），因此會到21個月。再以1985年7月為例，636點漲到986點，從這波8個月的上升就可以推估，既然第1波就漲了8個月，8乘以1.618的四次方，就可以推算出55個月的多頭，這也是「對數螺線」的第1圈線型。

再看到3098點，這一波21個月的走勢，從1993年1月8日到4月7日的5091點，剛好是3個月的上漲，所以，完成5波的時間就需要3乘以6.85，由此可以推估出為21個月。或許在操作時會發現，既然這裡是「34」，最小的變盤轉折點是「21」，而5波的結構是21個月，那麼在3098點買進以後又怎麼知道第1波會漲多久呢？這只要做反向思考即可。

既然5波要21個月，第1波會是多久？以21除以6.85得出「3」，由此可知，應該從1993年1月8日漲到4月初。所以，可由21個月反推第1波的3個月，再用第1波的3個月印證這一

波可能是21個月的漲幅。

到了7228點是21與55的轉折點，在這個地方出現了一個調節性的賣點。而636點到12682點這個循環，再到3098點這個股市的主要大循環，到這裡算是告一個段落，由3098點上來是一個新的小循環的開始，從3098點漲到7228點的21個月完成後，7228點下來理論上應該修正21個月的0.618，就是13個月，之後，再碰到34個月的轉折。

所以，從時間轉折的角度來看，理論上應為1994年10月再加上13個月，即1995年11月，這是預估時間落底的目標。果然，1995年11月大盤跌到了4530點。

1995年11月，4530點

台股這個時候為什麼會跌到4530點呢？因為若從空間來算，3098點漲到7228點，共漲了4130點，再乘以0.618，得出的數字就是應該修正的跌幅，也就是預估下檔的空間滿足點是4676點；換言之，從波浪理論的0.618時間修正，自7228點要修正13個月、到1995年11月，空間會跌掉0.618、到參考指數4676點。

我們可以印證一下結果。到1992年8月出現一個低檔4474點，1995年的11月也出現低檔4530點，第3個低檔是1996年2月的4672點，這3個低點就是所謂的「三重底」，前後時間長達半年，就在4676點這個參考區間，建構一個底部。這個地方為什麼會出現三重打底的狀態呢？我們可以回顧當時的投資環境。

首先，由1995年的8月起出現金融風暴，從彰化四信的擠兌開始，還有接下來的國票事件，引發全省許多農會發生擠兌的問題，到目前雖已經漸漸平息，但並未完全解決，這是屬於地方的金融風暴。再來，1995年的10、11、12月，也就是出現4530點技術面關鍵底部的時候，這3個月經建會所發布的景氣對策信號，連續出現藍燈，代表當時台灣經濟景氣落到10年來的谷底，已是自1985年的金融風暴衰退以來的第2次衰退。其中，失業率、退票率都創下台灣10年來的新高紀錄。

但是，金融風暴也好、經濟衰退也好，過去也曾經發生過，更重要的是，在這個階段出現了兩岸分隔50年來的空前危機。1995年8月，中共發射飛彈到彭佳嶼附近；11月，在

馬祖外島舉行三軍聯合演習；1996年2月，又丟了2顆飛彈，1顆在基隆港外海，1顆在高雄港外海。

這樣每3個月演習1次，3度的兩岸危機，剛好幫台灣股市打了3隻腳，一是4474點，二是4530點，三是4672點。從這裡可以看到，最壞的時候還比0.618的參考點（弱勢回檔點）4676點多跌了200點，這意味著長期空頭修正來臨的可能性存在著。

但是，雖然我們面對著金融風暴、經濟衰退與兩岸危機等3大危機，跌破0.618對多頭走勢造成很大的威脅，然事後證明這些都在一個可容忍的範圍內，也符合波浪理論的基本作用，沒有影響多頭的進行與維持。

就這3大利空來看，怎麼會有明顯的買進條件？從技術性的角度而言，此處確實是13、34的轉折；從7228點下來是「13」的變盤，從3098點過來是「34」的變盤。如此雙重變盤轉折點足以對抗3大利空，所以投資人在衡量利空與技術性的等級上，都可以找到比較正確的答案，見圖3-14。

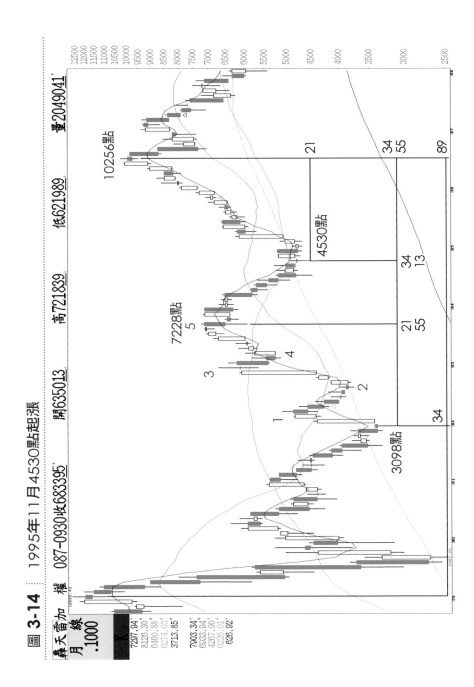

圖 **3-14** 1995年11月4530點起漲

很可惜的是，儘管如此，當危機來臨的時候，依然很難說服投資人勇敢的承接，很多人反而紛紛賣出股票、房地產，一部分人將資金轉換成美元或是買黃金，還有人買白米囤積。這些在當時雖然是避險動作，但是事後看來，當時勇於買股票的人，到現在才是立於不敗之地的真正贏家。

這一波起漲點是1995年11月的4530點，歷經3大利空的洗禮，但是以底線來看，這裡有10年的支撐，而且逼近台股25年來最大頸線的支撐，所以技術性關鍵變盤轉折點的技術性作用，仍舊可以對抗市場上認為無法忍受的3大利空。另外，非常有趣的是「歷史的螺旋史觀」發威了，在1995年11月出現了10年週期性的重演—13與34的轉折重新出現，即：1995年11月是7228點下來13的轉折，也是3098點以來漲21、跌13之34個月轉折，而1985年7月也是13與34的轉折。

但在13、34買進之後，我們又面臨了未來這一波多頭會有多少潛力的問題，讓我們來算算轉折點。「13」是8與21，「34」是21與55，所以歸納一下就可以推估出來，這一波行情最少8個月，如果不只、那就是21，如果更多的話，到頂就是55了，這和1985年的背景階段一模一樣，所以我們

才說是10年週期性的重演。話說回來，此時先3選1，最少先抱8個月再說。

其實，以1995年11月的4530點為起漲點也是有爭議的。有人以1995年8月的4474點這個最低點做為起漲點，這是以空間最低為起漲點的算法；但也有人認為1995年11月的4530點是一個起漲點，這是以波浪理論13與34變盤轉折點的角度來看；還有人以1996年2月的4672點為起漲點，這是以底部的完成點的算法。這3種論點都有道理，取決於是以「空間、時間、底部完成點」哪一點比較重要，筆者個人比較強調波浪理論的可靠性與穩定性，所以採取1995年11月的4530點為起漲點，最主要理由是，它才符合13與34的轉折，也符合過去40年所推演的時間變盤點。

若是起漲點選錯了，賣點自然也會錯。如果以1995年11月的4530點為起漲點，第1波就是8個月，預計完成時間在1996年7月，而台股就在1996年7月2日出現6624點，是一個階段性高檔賣點。之後行情回檔到5934點，約1～2個月的時間，大盤突破6624點，再創新高，而且和1985年那一波一樣，既然在8個月後指數還能突破新高，意味著6624點還不

是這一波的完成點。

這裡有兩個歷史經驗可以參考。第1個是在636點上來，8個月漲到986點，創歷史新高，所以支持多頭的持續展開；第2個是由4530點以8個月時間漲到6624點，這是「跌13、漲8」的結果。而這個「8」則是「13」的0.618，但是6624點顯然已經超過7228點跌到4530點、反彈修正0.618的目標。也就是說，8個月的時間能突破空間的0.618，意味著這波行情比0.618強勢反彈的修正還強，表示其為一個回升走勢。

所以，未來在0.618時間變動修正時，投資人可以觀察此點，如果反彈時間是下跌的0.618時，空間上反彈的幅度就必須比0.618大才行，最好是能在更短時間創新高，多頭的意味就相當濃厚。其次，至少能在0.618的時間反彈超過空間的0.618，則多頭的希望會更大。反之，如果是在這8個月的時間裡，反彈無法超過0.618，甚至達不到0.5或0.382的低標，未來走空頭的機會就相對增加了。

幸好，從4530點到6624點反彈已經超過7228點到4530點跌幅的0.618，表示大盤有進一步回升的機會。台股果然在2

個月後突破了6224點，顯然這一波行情絕不僅止於8個月的反彈，有可能進行到21個月的回升。從1995年11月再加21個月，就是1997年8月，這也是先前所提到的：1997年是非常重要的空前轉折點。

1997年8月，10256點

如果認定1995年8月的4474點的空間最低檔最為底部的話，再加21個月，得到的賣點轉折點會出現在1997年5月。但此時出現了一個高檔8758點，所以只會賣在此處，之後卻只跌到7891點，如果在此當做是21個月的轉折賣出，下跌之後又再創新高時，操作上就很容易犯了突破新高之後又搶高了的錯誤，在10256點附近又搶回來，以至於在操作上不夠精準，甚至因為這個小小的錯誤使得利潤輸光。

但是，倘若以1996年2月的4672點為原始起漲點，再加21個月，也就是將1997年11月當做賣點，就會錯過8月逢高出脫股票的時機了。而這是因為1997年8月指數在10000點左右時，由蕭萬長組閣，讓大家期望有就職行情可以延續到11月的關係。因此，在底部選擇上若出現不正常的偏差，將會影響到未來的賣點，使得投資腳步錯亂。在不同階段、不同

角度觀察盤勢變化所呈現的操作成果差異很大。

以上，可以得到一個驗證，以時間為底部或是頭部為買賣點的參考，應該會是比較符合實際情況的運作，所以多年研究波浪理論的經驗告訴我們，「時間」似乎是最重要的、卻也最難理解的因素。一般的波浪理論卻強調，當波浪型態、空間比例與時間轉折這三者衝突的時候，以波浪型態最為重要，而以空間比例次之，時間轉折最不重要。就是因為這一點，使很多波浪理論研究者把大部分時間花在波浪的計算上，卻往往徒勞無功。

因為算「波」是非常困難的。波浪理論分為9個層級，艾略特強調，惟有能夠精準檢定是9個層級的哪個層級者，才有資格數「波」；但是，應該如何檢定每個層級？波浪理論教科書卻沒有明白揭示，這樣一來，投資人自然無法精確計算出波浪理論的「波」了。

因此，筆者倒認為「時間」並不是不重要，只是它是一個抽象、難以理解、不好掌握的元素。如果以過去40年來衡量高低點最重要的買賣點，真正能夠提供買賣訊息的要素，

其實以「時間」最為重要，而如何從時間的轉折點，掌握未來多空買賣點是相當關鍵的，同時，能夠全盤考慮時間、空間、甚至波段更好。前述40年來最重要的8個買賣點雖然都以時間為主，但可靠性也非常高，所以投資人不妨多留意時間轉折在這階段性的意義。至少1985年11月的轉折點，在10256點已經呈現非常明顯的轉折點，如圖3-11。

那為什麼1987年8月的10256點是空前的變盤轉折點？事實上，從波浪理論中費氏數列的轉折點來看，確實都讓人十分訝異，過去歷史性最重要的轉折點和1987年8月的10256點都產生費氏數列關鍵的變數，包括：

❶ 1995年11月的4530點，到10256點剛好是21個月的轉折

❷ 7228點跌到4530點是13個月轉折，7228點到10256點是21＋13，為34的轉折

❸ 3098點到7228點漲了21個月，所以1993年元月的3098點是原始起漲點，到10256點是21＋13＋21，也就是55的轉折

❹ 台灣歷史天價12682點跌到3098點是跌34個月，所以12682點到10256點（歷史性新高到歷史性次高點）是55＋34，等於89的轉折點

❺ 1985年7月到12682點是台灣最大一波的大多頭走勢，故從10256點到12年前的636點，是55＋89＝144個月的轉折

因此，從以上各個數字來看，都與費氏數列的時間變盤轉折點十分吻合。另外，這5個轉折點又大、又重複出現，所以這是空前的時間變盤轉折點，而且跟過去40年來歷史性的轉折點都息息相關。

這樣的費氏數列，在台灣股市呈現出相當巧合的相關性，而這種巧合的程度，事實上根本無法以「巧合」來簡單帶過，而是代表波浪理論在過去台灣股市的實證。

但是在我們了解股市的過程中，產業景氣的興衰起落、金融環境的變化，甚至全球經濟金融變化，為什麼都會使得股市跟費氏數列產生如此巧合的現象？顯然股市的漲跌起落與宇宙自然法則所衍生的技術分析之漲跌原理，應該有一定的相關性。

而1997年之所以出現空前的轉折點，其實是難以解讀的，到底這個轉折點的意涵如何？為什麼會在10256點的歷史性次高點出現這樣的轉折點，又為何只遵從波浪理論的轉折點？無論如何，既然出現這麼大轉折，原則上8月底就是一個逢高獲利了結的賣點。

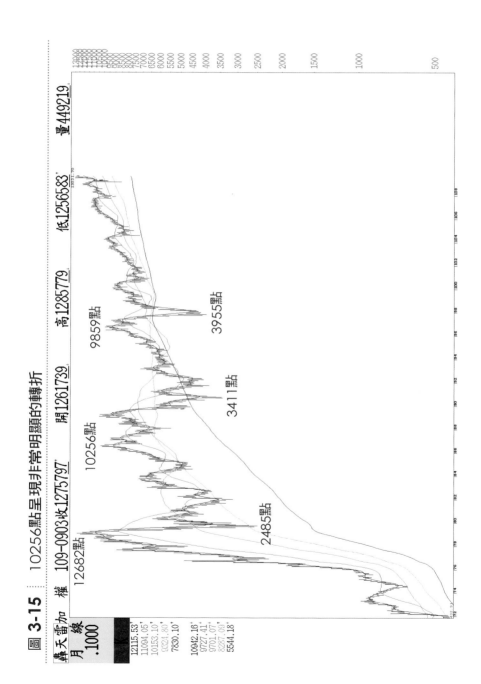

圖 **3-15** 10256點呈現非常明顯的轉折

　　而這個空前的轉折點意味著1997年8月以後，整個台灣的投資環境會面臨一個空前的變數。果然，到了10256點跌下來之後開始產生一些意想不到的嚴重衝擊，例如從9月開始席捲全亞洲的金融風暴，使得台灣股市在第1波從10256點跌到7040點，接著展開反彈之際卻又遇到韓國的金融風暴，指數又向7375點探底。到了1998年第1季，金融風暴稍微緩和、台股從7375點漲到9378點的反彈格局之際，又遇到了第2次的亞洲金融風暴，日本、台灣、香港均受波及。

　　現在我們回頭看才赫然發現，在1997年的空前變盤轉折點之後，全球的經濟或是亞洲的金融市場都面臨了空前變局，至於這個變局是否能夠平息，仍在未定之天。由於金融風暴影響到全球匯率市場，同時連動到股市的漲跌，因此，在變數如此之多的情形下，之後將面臨的是多空變化非常劇烈的局面。

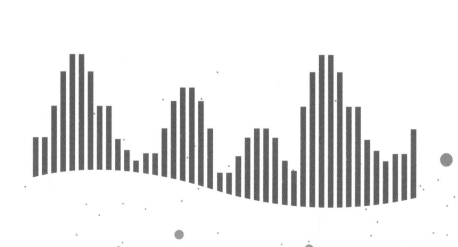

波浪理論
如何造就市場大贏家？

過去40年來，台灣股市以費氏數列變盤轉折來研判，確實也提供了相當大的勝算。從1982年8月的421點到969點、636點的買點，再到10843點小一個層級的「21」變盤買點，甚至從4530點過來「8」的賣點，還有12682點是55跟89的轉折賣點，皆是重要買賣點。

再加上2485點呈現的4個關鍵轉折，亦即8、13、21、34，以及3098點出現34與89的關鍵轉折；另外更有7228點、2155點、4530點的13、34的轉折，甚至10256點的21、34、55、89、144等轉折，這些轉折點已經成功提供了過去多年來重要的買賣點。投資人如果簡單扼要的運用費氏數列時間變盤轉折點參考，用在台股多年的經驗，的確能提供相當高的投資報酬率，也發揮了研判重要買賣點的效果。

　　技術分析探討的便是鑑往知來，以過去長年的歷史經驗，時間波的變盤轉折點如果能夠提供相當勝算的買賣點，在未來理應有機會再扮演相同的重要性。也就是說，未來如果可以有效的運用轉折點技術，或許可為我們提供可觀的獲利機會。

　　為什麼我們要花這麼大篇幅來討論時間的轉折點？因為一般坊間對時間的概念十分模糊，通常也是投資人容易忽略的一環。如前文所述，我們由波浪理論所領略到的費氏數列時間波與黃金切割線的關係，在金字塔中也可以見到，傳說中金字塔就是根據這個數列所呈現的規則蓋出來的。或許我們仍無法理解如何用這個數列蓋金字塔，不過，從台灣股市多年所蓋出來的股市金字塔可窺見一二。

時間波與費氏數列，就是獲利關鍵

　　過去40年已經印證了每次關鍵變盤轉折點都是符合費氏數列的多層次、多種循環的結構。在這些漲跌起落之間所構成的形式，即股市的循環，如果由宏觀的角度來看，過去40年只不過是在進行4個三角形結構；從形式上還可以發現，如果將其結構、修正角連接起來，與埃及金字塔的形式相類

似，符合金字塔基本架構。這兩者之間存在什麼神祕關係，有待投資人進一步由波浪理論邏輯基礎或是費氏數列中探究答案。

時間雖然是容易被人忽視的要素，但以我們過去多年的經驗來看，時間具有相當重要的影響，也就是說，時間是世界上非常重要的參數。所謂的「時間就是金錢」、「時間可以療傷止痛」，但人們卻很難真正了解時間的概念，如果由上述的理解，想成為股市最大贏家，時間的掌握與等待或許是必要的。

在經過實證體驗之後，不妨來看看費氏數列理論架構所衍生的問題。由於空間是衍生波浪理論的數學基礎，即費氏數列，這個數列本身是時間變盤轉折點的運用，而且出現數與數之間的比例相關，除了前面少數的0、1、1、2、3以外，後面數字就呈現了近似值比例關係。

也就是說，前面小數字約是後面大數字的0.618倍，例如3÷5會等於5÷8，而且等於8÷13、13÷21，這些比例的關係近似值是0.618。而後面大的數字約是前面小數字的1.618

倍，因此，0.618和1.618就成為探討空間的兩個重要數字，也就是所謂的「黃金切割率」。

若再進一步推演，中間隔1個數字，如3、5、8，8是5的1.618，5是3的1.618。所以8是3的1.618的二次方，即「2.618」。依此類推，13就是3的1.618的三次方，就是4.236；21是3的四次方，就是6.85，如圖3-16。

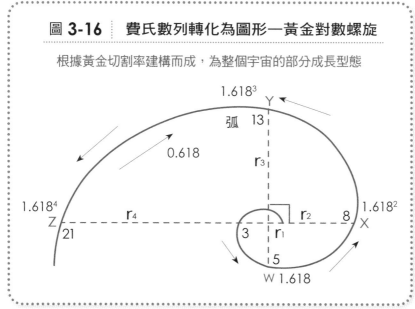

圖 **3-16**　費氏數列轉化為圖形—黃金對數螺旋

根據黃金切割率建構而成，為整個宇宙的部分成長型態

▲ 費氏數列與對數螺線經過時間的淬鍊後，產生奇妙的數字連線，構成波浪理論各波的漲跌關係。

這些所衍生出來的關係，就成為探索空間相當重要的線

索。換言之，費氏數列本身所呈現比例上的結構性關係，發展成空間比例，其中以0.618和1.618兩個數字是探討時間波最重要的依據。因為0.618和1.618的黃金切割率才會符合費氏數列變盤轉折點。以3、5、8為例，3是5的0.618，3＋5＝8；再以5、8、13而言，5＋8（5的1.618倍）才會符合「13」的轉折點。所以，在這麼多的空間比例中，最重要的就是0.618及1.618。

至於黃金比例應如何運用，我們比較採行最可能出現的0.618及1.618，通常前者用在回檔修正或是反彈，也就是比較小的比數大都是多頭市場回檔修正的比例參考目標，而空頭市場跌深反彈的目標，就要借用後者做為反彈修正的目標。當然，它是具有選擇性的，也包括了0.618的二次方是0.382，3是5的0.618，5是8的0.618，3是8的0.328，因此，在大盤反彈時才會以0.382做為反彈的初步目標。

第2階段則是「0.5」，這在1、2的比例為中度反彈目標，0.618則是強勢反彈的目標，如果大盤能超過0.618的強勢反彈，就可能回到「1」的比例，也就是「把前波的下跌全部漲回來」，大盤會由起漲點回到原始起跌點，有可能再

創階段性高檔的機會，代表盤勢會呈現多頭排列。而這些比例的強弱度，事實上都是用來斷定這一波搶反彈的目標或是強弱，甚至是不是能止跌回升的關鍵。所以費氏數列的比例關係，就是空間測量的最重要參考。

光是預測點數，只會被玩弄於股掌之間

以過去40年間，台股所出現比較明顯的幾次回檔來看，第1次是969點回到636點，如何決定這個逢低介入點？以務實的作法來說，過去是強調時間，現在是以空間角度為主。例如：為什麼從4673點回檔時掌握到2241點的買點？8813點如何掌握4645點的買點？12682點下來又如何掌握2485點或是3098點的買點？7228點的買點會落在哪裡？這些都需要借助0.618的修正。

若以實際的運算來看，421點漲到969點是漲了548點，理論上必須修正0.618，得到數字是339點，則預估回檔空間是跌到630點，而實際上則是跌到636點，只相差了6點，如此便不會介入得太早，也不會在極度悲觀下將目標移到不合理的低檔位置，反而可以在636點這個地方從容逢低承接布局，進而掌握到歷史性回檔的重要獲利買點。

再往後看，1985年7月636點所展開的這一波，基本上都是大漲小回的格局，長期第3波漲到1987年10月1日的4673點，漲幅相當大。而為什麼能從636點漲到4673點呢？這種比例的關係，目前並不能很明確的預估，但是合理上的倍數可以從1.618（一次方）、2.618（二次方）、4.236（三次方）、6.85（四次方）等目標進一步研究。

到目前為止，這部分在台灣市場還很難找到共通的原則，或許有部分實例可以呈現向上預測的關係，能掌握到預估的目標值。如果以空間的角度來講，實在很難理解大盤會漲到哪裡？比方說，現在是1985年7月636點落底的時刻，這一波行情會漲到哪裡？

根據費氏數列時間變盤轉折點，最多會有55個月的多頭機會，或許投資人還能理性接受，因為那只是時間的問題，但如果問及空間，就會變得難以令人相信了！此話怎講？大家試想，如果告訴投資人55個月以後加權指數會漲到12682點，足足漲了12000點，是636點的20倍，恐怕很多人都會認為說這話的人瘋了！因為一般人很難接受12000點或是20倍的比例空間，但這就是事實，如圖3-17。

圖 **3-17** 636點到10256點的關鍵買賣點

★任何的變盤，包括大戶的操弄和各種消息面的試圖左右，都逃不過「大自然定律」的制約。

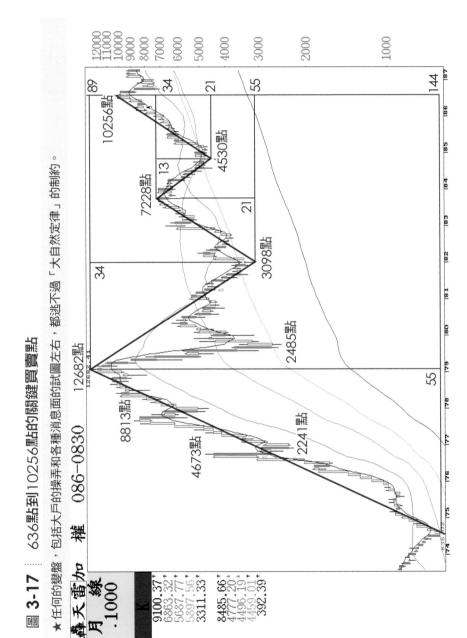

轟天雷加權　086-0830

月　線　·1000

K

如果是在12682點完成55個月的多頭之後，這時告訴投資人會跌掉10000點，12682點將只剩下2成，跌到2485點，同樣的，絕大多數人也不會相信。所以，空間是無限寬廣的，從理性上預估或許可以測出，但是少有人會相信，因此，在空間上要掌握預測的買賣點相當困難，比較能接受的是0.618的修正或反彈，較具有實用性。

從636點到4673點，足足漲了7倍的第3波主升段漲幅，之後又從4673點理應進行第4波修正，而應該修正多少呢？4673點減掉636點，等於4037點，這是第3波總共上漲的點數，故預期應修正的點數為：「4037×0.618＝2495點」，4673點再減去2495，就是2178點。

不過，這一波指數實際上跌回修正是到2241點，與預估的2178點差了60多點，這顯示在2100點、2200點附近可以介入，而且既然是回檔修正，應該不會跌破0.618，所以在這附近做為可能的進場點。因此，在4673點賣掉之後，3個月後的2241點掌握到一個不錯的逢低買進機會；若我們在4673點賣掉之後，在2241點回補，換算1張股票可以變成2張，獲利提升1倍。

再看1988年時，台股從2241點漲到8813點，卻碰到連續19天的證所稅事件導致大崩盤，跌下來的一波會跌到哪裡？安全的買進點又是多少呢？我們還是運用空間比例0.618的修正來推算：8813點減掉2241點，等於6572點，即漲了6572點，修正的點數則為6572×0.618＝4061點，因此，預估修正目標為4751點。而實際上指數是跌到了4645點，兩者相差約100點，我們也許不能很準確的找到最低的買點，但是到了4750點附近停頓相當長的時間，絕對有從容買進的機會，可見短期的套牢無礙下階段的獲利機會。

　　在1993年3098點漲到1994年10月的7228點這一波當中，經過波段漲幅之後，從7228點進行0.618的回檔修正，時間為13個月；空間漲了4130點，修正0.618，應該跌掉2552點，目標為4676點，換句話說，這裡也就是買進點了！事後來看，此處在第1次跌到4474點，第2次跌到4530點，第3次跌到4672點。事實證明，在4676點附近逢低擇優買進，不到2年的時間就可以賣到10000點。

　　若以前一波4530點的轉折點起算，漲到10256點，達到21個月的基本段落，上漲了5726點，以0.618修正來看，應該

修正3538點，預估目標是6717點。所以，如果未來趨勢又再度跌到6717點，在這附近若進行空間階段的逢低擇優介入，風險應該相當有限，勝算相對提高。

雖然我們僅在空間比例上運用0.618這個基本概念，但就已經能夠有效的幫助我們掌握到636點、2241點、4645點、4474點、4530點，以及上述預估最壞的情況到6717點等的關鍵性買點進場。

看長做中，看中做短

如前文所述，台股有7個關鍵的買賣轉折點，如果都有把握住，投資報酬率可以高達2400倍。但事實上，這些動作並不符合真正投資者的需要，而應將技術面建構在一個大格局裡面，由長看中、由中看短，從大格局或是大環境慢慢縮小到短期的操作策略，也就是說「看長做中，看中做短」，才是正確研判的操作技巧。

但是一般投資人的想法剛好相反，總是由短看長，先注意到短線的介入，再把短線進一步放大，視為中線趨勢，然後將中期放大，變成長線趨勢。這樣「由短推中、由中看

長」，通常容易出現很大偏差，這也就是為什麼今天大漲，大家就把遠景看得非常好，如果大跌就變得很悲觀，因此很容易追高殺低。

所以，投資者要能在股市中成功，並不是每天都在獲利，而是在最關鍵的時刻可以賺到每一波的關鍵買賣點。就算你無法掌握過去7個買進賣出的機會，但只要能掌握2、3個，就可以奠定未來成功的基礎，見圖3-18。

繼時間、空間之後我們要談的是「波段」。在艾略特的波浪理論中，約有8成的比例是在談「波」，有很多波浪理論研究者也花相當多的時間在探討「波」的結構，但是「波」的變動性相當大，因為波浪理論是艾略特觀察天體運行的相互作用力對整個波浪、潮汐的影響，所建構而成的理論系統。如果實際紀錄潮汐、波浪的形式就會發現，其變化無窮，似乎沒辦法找到一個確切的原則。

所以，反而「時間」是最容易、也最確實可以找到買賣點的工具，再搭配空間比例找到精確的進場點，以及配合波浪結構，就能夠提供不錯的進場機會。

圖 3-18 ∴ 台股歷年來的重大買賣點

★ 台股40年來共有30個重大買賣點，你掌握了幾個？

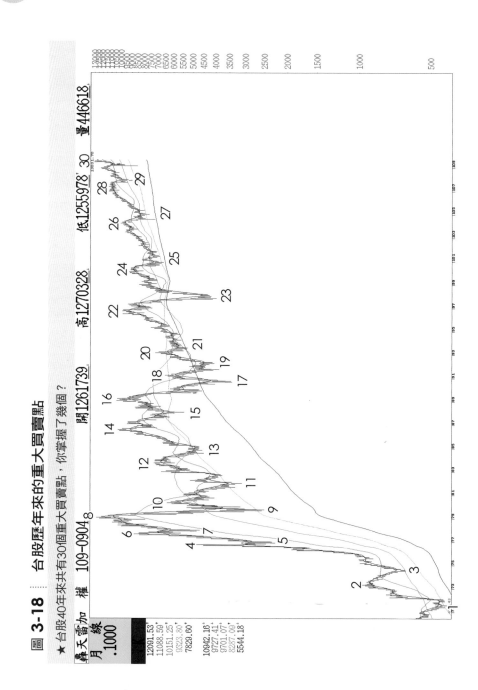

三角形結構的股市循環

在波浪理論的基本條件中提到：由圖形上所看到的三角形，就是一個股市循環，這個三角形結構可由費氏數列0、1、1、2、3、5、8、13、21…這樣的比例關係畫出對數螺線的圖形。同時，可以發現它就是屬於0.618的三角形結構，跟40年來所建構的4個三角形結構幾乎是一模一樣，只是大小格局不同而已，但是結構性的比例關係是一樣的。事實上，台灣股市從過去幾十年的月線格局就可發現，三角形結構非常的明顯。

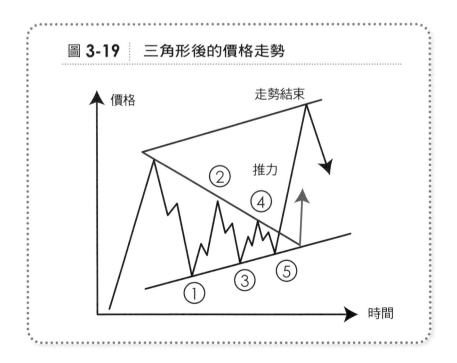

圖 3-19　三角形後的價格走勢

　　所以，如果將此格局縮小到比較適合自己的範圍操作，同時符合理論上或時間上的運用，就可望得到理想的結果。也就是說，只要把這種理論運用到以「週」為基礎、格局，甚至縮到「日」、「時」也可以，就能適用我們在股市操作的時間循環了。

　　股市的循環涵蓋著股市的多頭，而這多頭就是「5波上升之後、進行3波的修正」，實際觀察時就可以明顯看出，例如從7130點所進行的多頭行情，第1波一定是5波段的結構：1、2、3、4、5波，這種5波段的結構代表多頭的開始，也意味著大盤進一步漲升的機會。所以，在5波段上漲之後就會出現a、b、c的3波段0.618的修正，為什麼這裡會是一個買點呢？

　　因為，前一波是5波段的結構，代表多頭成長的訊號，之後會有進一步的5波段漲升，所以從636點可發現還有一個更大規模的5波段上升。同時，這個5波多頭結構的訊號意味著：在3波段的整理之後，這裡絕對是一個很好而且安全的進場點，未來會有進一步上漲的機會，所以行情到這裡又漲了5波。

　　另外，一個超長期的多頭，還是需要有5波的結構，例如從4673點跌下來只不過是第4波的回檔修正，而且一定是a、b、c的3波段回檔。從月線圖來看，這是個中段整理，a波是1根長黑，若要細看是一個5波段下跌，也表示反彈之後會進一步有5波段下跌；11月收紅是b波反彈，12月收黑是c波探底。所以自4673點到2241點，就完成了a、b、c的3波段回檔，亦即5、3、5波的回檔修正。以波來說，2241點為最後探底，再配合0.618的空間修正，這裡應該就是逢低回補點。

　　如果說4673點跌到2241點是連續三陰線的話，未來的情勢就改觀了，因為這意味4673點跌下來屬於5波段的下跌結構，而5波段下跌後，再反彈時會有進一步的5波段下跌。所以，在數波的過程中，一個波段的回檔修正絕對是3波的結構，因為如果出現5波段結構的話，那顯然就是另外一個更大格局的3波段回檔的5波段結構。

　　所以，從2241點之後進行第5波走勢，且這波還可細分5波，2241點漲上來到8813點是5–1波，拉回到4645點是5–2波，而非前面所述4645點是刻意與4673點重疊，以排除不正確的波浪規畫，所以從低檔正確規畫上來，它是5–2波。

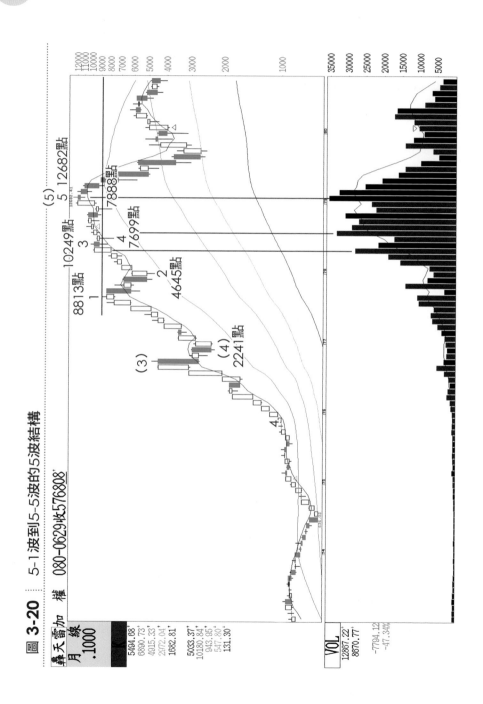

圖 3-20 5-1波到5-5波的5波結構

那為什麼不是長期第4波的修正呢？因為這個重疊在技術面會交代得非常清楚，以做為研判的規範。5–2波之後就是5–3波，所以4645點上漲到10249點（或10843點）應該是5–3波；10843點跌到7888點是5–4波；至於5–4波是7699點或是7888點則無所謂，可以確定的是，5–1波與5–4波是重疊的（見圖3-20）。問題來了，就波浪理論而言，1、4波是絕對不能重疊的，但有例外情形，那就是波浪理論的變形，亦即所謂的「楔形」。

楔形結構掌握最佳賣點

在「楔形」的走勢中，第1、4波會重疊，因此在操作上會連接8813點與10843點，可畫上楔形三角形的上限。當7888點上來時，觸及8813點跟10843點楔形的上限，及上升趨勢線在7888點跌破的5年長期X線的交叉反壓剛好觸及在12000點附近，如此就可藉由技術性現象，比較從容掌握12682點這個歷史最高點的賣出機會。

在12682點這個位置是時間的轉折，又是從421點上來超長期的5波結構，也是第5波中的中期第5波，如果7888點到12682點由日線圖的角度計算，又可呈現5波的結構。所

以12682點在波浪結構上，是屬於長期第5波，又是中期第5波，也是短期第5波。當3個「5」出現時，就是波段行情終結的地方，如圖3-21。

當然，在這個推算的過程中，要達到正確的算法是相當困難的，最簡單的方式是時間的轉折。如果要從其他技術性的切線或是技術性指標，如量價關係、高檔的量價背離、技術性指標背離，找到歷史性最重要的賣點，事實上都會支持這樣的論點。但對整個市場來講，大多數人都會視而不見，全然籠罩在極度樂觀的氣氛中。

當指數從12682點跌下來，理論上應該是一個長期的回檔修正，為34個月的修正，但若由波段的結構來看，12682點跌下來是連5黑，「三陰線」代表長空的來臨，更何況是連5黑的「五陰線」。

當然，這也意味著5波結構的下跌，可由週線明顯看出，這種下跌理應不是空頭市場的結束，因為空頭市場絕對是3波段的回檔，5波段的下跌之後，意味著大盤有進一步向下探底的可能。

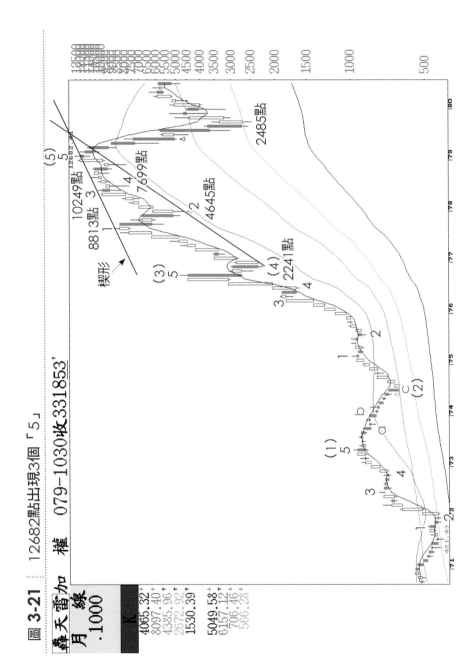

圖 **3-21**

　　所以4450點是a波。為什麼？因為根據波浪理論，通常一個第5波延長的情形下（2241點到12682點是第5波的26個月的延長走勢），回檔修正的a波會跌到5-2波，亦即4645點。所以台股差不多跌到4450點就展開一波將近1個月的技術反彈，彈到5825點。

　　因為5波下跌之後會有進一步下跌，所以在5825點之後走出一波5波段的c波下跌，來完成這一波從12682點到2485點的空間修正。而這a、b、c的3波段下跌應該跌到哪裡呢？理論上會把第5波幾乎跌掉，也就是說跌到前一波多頭市場的第4波結束點（2241點），這麼看來這次跌到2485點就不足為奇了。

　　關於跌勢究竟跌到哪裡，則需借助台灣股市最重要的頸線來說明了。這條從1964年高點208點與1973年高點514點切過來的頸線，在2485點發揮有效的止跌作用，搭配嚴重超跌，再加上有四重的時間變盤轉折點，所以空間上是屬於波段的相關修正。

　　因此，在這樣的情況下，雖然有中東危機，還是可以考

慮逢低擇優承接。事實上，之後經過8個月的時間就從2485點反彈到6365點，如果掌握了這一波，當然就可以讓12682點到2485點的虧損降到最低。

至於6365點應該是B波，而且無法回復多頭，為什麼？因為12682點跌到2485點、再反彈到6365點，只有反彈0.382，並未達到0.5、7600點的目標，更沒有達到0.618、8700點的目標，僅只算是弱勢反彈。若由空間來算，12682點減2485點，反彈0.382的位置約在6365點附近；但若以距離來看，這裡約是中途站，不過因為沒有超過0.618強勢反彈的目標，所以整個大盤就不具有長期多頭回升的條件。

儘管其彈幅頗高，6365點後仍繼續向下進行為期21個月的大C波回檔，其中a波由6365點跌到4032點。為什麼6365點轉折下來之後，預估在4032點附近是可以考慮的低檔買點？主要是因為由12682點跌到2485點共跌了8個月，2485點漲到6365點是反彈8個月，一來一往是16個月，並不是費氏數列轉折點。但由最重要的歷史性高檔12682點到6365點這個階段性高點是「16」的變盤，在8與16這兩個數字間找到下一個合理的變盤轉折點，這個數字就是「5」。因為8加5就是

13，16加5就是21，而13、21都是費氏數列轉折點數字。

所以我們可以大膽的說，6365點的5個月後會碰到雙重變盤轉折點。換句話說，在1991年10月時的4032點同時會是2個轉折點，是12682點下來21個月的變盤，也是2485點漲到6365點再拉回的13個月變盤，這當然是個不錯的買點。

在此處介入就有3個月的獲利機會，亦即4032點到1992年1月的5459點；以5個月下跌幅度反彈修正0.618來算的話，空間滿足點應該是5474點，但實際上只反彈到5459點，無法突破0.618的修正，也就是說，這一波反彈強度不足以有進一步回升的條件，所以大盤在5459點之後繼續下跌。

同時，在反彈的過程中還可以斷定要超過0.618的機會很小，因為在6365點下來到4032點，從結構上發現這是道地的5波下跌，且絕不會是一個落底的位置，而是進一步走低的特徵，所以這一波一定是3波段的反彈。這個3波段的反彈幅度當然不會超過0.618，因此可以設定時間最多只能做3個月，空間最多只能到0.618的5474點，如此可以精確的賣在5459點。

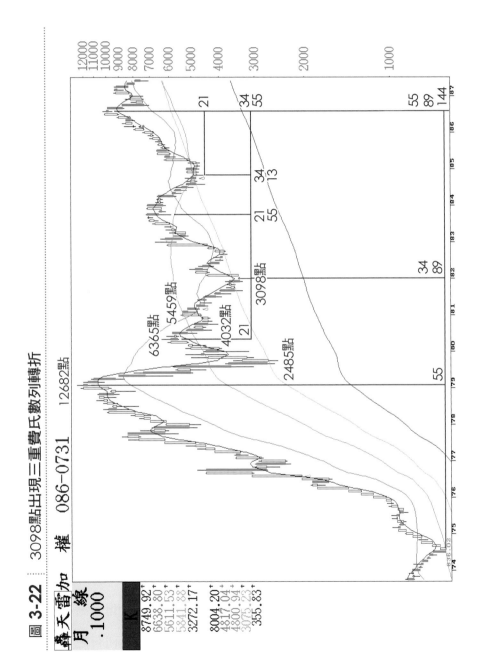

圖 3-22 ┊ 3098點出現三重費氏數列轉折

宇宙法則

宇宙密碼

台股見證

鑑往知來

健康養生

　　掌握到相對的賣點之後就必須留意會有5波段的下跌，並留意目標慢慢的接近，之前大膽推估為34個月的轉折，0.618的目標就是1993年年底的3098點，剛好是13個月的轉折；同時，6365點到這裡是21個月，12682點到這裡是34個月。所以從費氏數列的運用就可以掌握這5波下跌剛好是在13個月後會看到一個「13、21、34（甚至89）」的三重費氏數列轉折，這就是真正的長期底部了！可參考圖3-22。

　　如此就能在空頭走勢中，成功的掌握2波中期大反彈的獲利機會，且避開空頭的傷害，原則就是必須先掌握長期最大格局的多空買賣點，讓自己立於不敗之地，再進一步掌握次一層級的買賣點，這是獲利的第一要務；其次，掌握中期的買賣點屬於錦上添花、增加獲利。不過，這樣卻是相當耗神，必須整個分析的邏輯系統都需要借助這一套方式，到目前為止若能有效的遵從技術分析的原理原則，事實上已經能夠提供相當勝算的操作成果。

確定高低點和買賣點的特徵

　　我們不妨從宏觀的角度來檢討，過去40年間台灣股市經驗所提供給我們的參考訊息，對未來的投資獲利有更大的幫

助。其實不管投資者的對象為何，投資股市就是要獲利，如何達成這個目標？看似簡單卻是很困難的。畢竟，實務上只有絕少數的投資者能由股市獲取勝算機會。

所以，若想要獲利，一定要遵守基本的原則，即所謂的「買低賣高」，如果仔細深究何謂低？何謂高？事實上很難抉擇。要達到投資獲利的原則，第一就是要「買低」，低檔絕對是伴隨利空而來，而且愈重大的利空會導致更低價格的出現。當然，高檔一定是伴隨利多而來，愈大的利多可以支持更高價格的出現。

也就是說，在大利空之後如果出現大利多，而我們能掌握這個盤勢，原則上在大利空可以買到相對超跌的投資價值，而在大利多之下，也可以賣到超漲的投資價值。而這也是股市可愛的地方，我們可以在這「超跌」、「超漲」之間來回運作，賺取獲利，如圖3-23。既然「買低賣高」是獲利的關鍵，那麼，低點一定是利空不斷。

台股過去40年的重要歷史買點有幾個？首先是421點，其伴隨而來的投資背景就是石油危機；第2個是1985年7月的

636點，也就是金融風暴、經濟衰退等金融危機；第3個歷史重要買點是1990年10月2485點的中東危機；第4次是1993年1月3098點，是國內政爭所導致；第5個起漲點是4530點，原因是兩岸飛彈危機、金融風暴和景氣衰退，尤其是亞洲金融風暴，更是一大變數和利空。

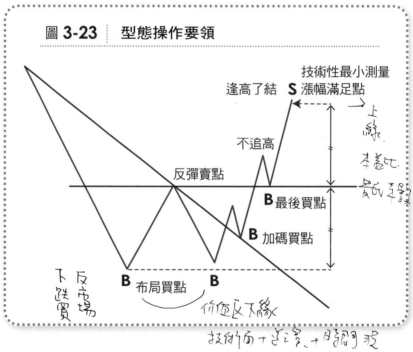

圖 **3-23**　型態操作要領

至於何時會是利空出盡點？應該是這一波回檔整理的底部買點之所在，所以我們可以深切了解真正歷史性大規模買點，絕對是伴隨著階段性的大利空而來。因此，要想真正買到最低的價格，必須要有過人的勇氣，也就是說，在最大的

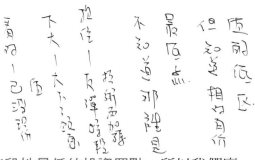

危機之下，才可能買到階段性最低的投資買點。所以我們應該先建立健全的投資心理，這亦是「反市場心理操作」的精神所在。

至於高檔賣點969點、12682點，甚至4673點、8812點、10843點、6365點、7228點、10256點，過去這些關鍵性的賣點都不是利空不斷，反而是利多不斷，且能夠說服廣大的投資者勇於買進。

在這種時期有個特徵，如果就道氏理論的量價評估（因為道氏理論的專長是量價關係，其關係就是底部無量、頭部是大量），可以檢視出這裡的底部是相對小量，而大量的位置事後來看，如台灣歷史性的高點12682點，是伴隨著2162億元的大量，而10256點則是伴隨著2967億元的歷史性新高量，所以頭部一定是大量，而底部絕對是小量。

但是「小量一定是底部，大量一定是頭部」這樣的論證應是有瑕疵的！因為大量是無法界定的，頭部一定是大量，大量卻不一定是頭部；同樣的，底部是小量，而小量卻未必是底部。

股票籌碼質量不滅定律

之所以談到量價，主要是量價關係道盡了反市場操作概念，就整個市場籌碼的分布狀況，假設一特定的時間中，市場的籌碼一定是「質量不滅」定律。

也就是說，不管指數看好、看壞或高低，原則上存在整個市場的股票籌碼是質量不滅的、是固定的數字。所以，對整個市場來說，沒有不要股票的權利，也沒有大家統統要的權力，只是一個固定數量的分配而已。

如此一來，就出現了一個邏輯性的問題：為什麼到底部時會出現小量？換句話說，大多數的投資人礙於利空或是種種操作上的不利因素，紛紛減少持股或是拋光股票、退出市場時，股市流通的籌碼相對減少、成交量減少，但整體市場籌碼是沒有減少的。

那麼，那些被拋出去的持股跑去哪裡了？若從這個角度來看，真正不可能出清持股、退出市場的應該是各家公司的董監大戶。

圖 3-24 波浪理論循環與轉折

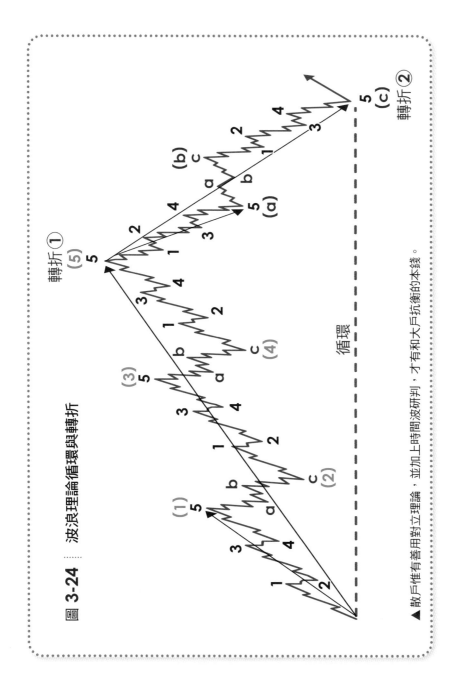

▲散戶惟有善用對立理論，並加上時間波研判，才有和大戶抗衡的本錢。

因為這些人會在大家退出市場的時候，被迫進場承接，所以在大家看壞股市的低檔時，股票籌碼會集中在原始大股東、也就是董監大戶的手上。這時整個市場會因籌碼集中而上漲，而當股市在大波段上漲到某個階段的同時，投資人又紛紛歸隊，使得交易市場一波波的放大，等到了相對高檔時，因為頭部絕對是大量，也代表投資人都已經進場，並用大把資金蜂擁搶進漲幅已大的股票。

這時候，大股東相對的會在高檔將低檔時期所吸收的籌碼放到市場，導致成交量大增。因此，在股市漲跌籌碼分布的過程中就可以發現，在低檔、市場紛紛看壞後市而退出之時，正是董監大戶持股滿檔的時候；到了高檔、成交量暴增之時，也意味董監大戶的持股已經逢高出脫到一個相對低水位，獲利卻是高水位的情況了。

這就是為什麼就長期而言，股市中最大的贏家都是屬於董監大戶這些少數人了。因此，股市的投資大眾除非能夠徹底了解股市運作的遊戲規則，否則在常態下很容易就成為股市輸家，故在股市質量不滅的定律調整之下，配合量價關係，股市自然會呈現分配上的謬誤。

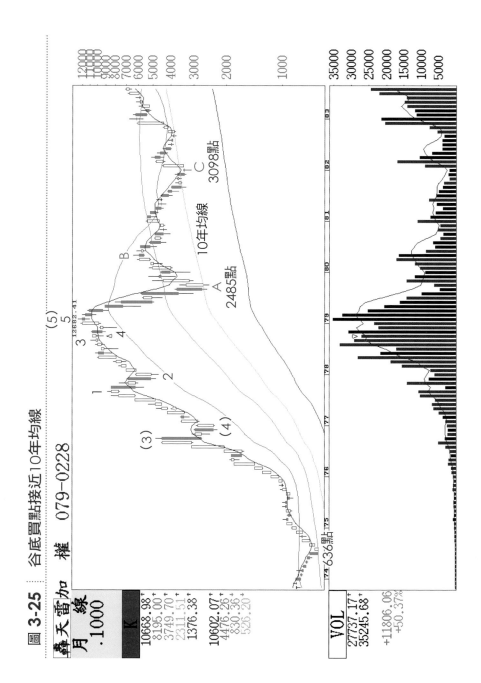

圖 3-25 ｜ 谷底買點接近10年均線

　　其次，過去40年來最重要的低量谷底買點都夾雜著利空，但很巧的是，這些買點幾乎都停留在超長期的移動平均線。例如：421點和434點剛好觸及10年線，636點是接近10年線，2485點則是假跌破10年線、再以下影線拉上來，3098點則是實體線跌破、但3個月內又拉上來，而在4530點又出現一個假跌破。

　　所以我們可以發現，過去40年來低檔的買點均碰到10年線的有力支持，代表著10年規模的循環週期趨勢。以台灣股市40多年的經驗來看，10年線永遠是持續上升的階段，在長期大利空來臨的時候，它發揮了股市下檔的中流砥柱作用，其具有一個關鍵支撐的要件，如圖3-25。

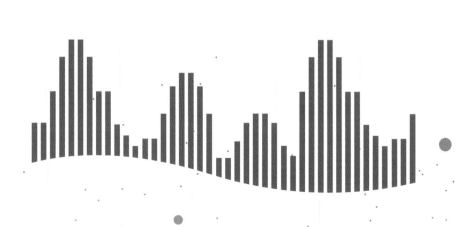

本波多頭行情
技術操作關鍵點提醒

在經過前面章節說明理論基礎之後，現階段將就過去技術面的歷史經驗，大膽的規畫未來的股市走向，在此我們要打破僅止於波浪理論的前提，運用技術面比較廣泛使用的方式，做為研判後市整個發展的基本規畫。關於台股在未來這段期間的操作，相關的技術操作要點如下，提供給大家做為參考。

保命操作法

✓ 人一生普遍都會遇上非常狀況，市場投資亦然，以下提供道家哲學，做為保命符。

✓ 物極必反：末升段噴出行情、最後趕頂走勢，或碰到天大的利多，月均線正乖離的統計極限是投資操作的惟一準則。

✓ 否極泰來：末跌段恐慌性的最後趕底走勢，或碰到天大的利空，月均線負乖離的統計極限值是投資操作的惟一準則，稱之為「置之死地而後生操作法」。

$B-(\text{⑤}-H)$.

圖 3-26　14485點是未來上檔目標

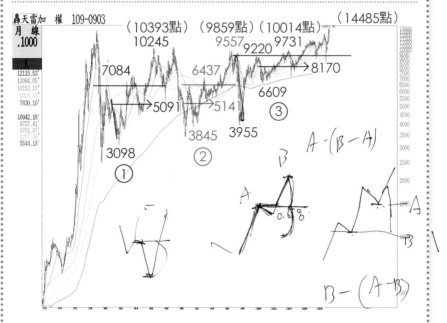

★由底部型態預測波段目標（見圖3-26）

底部空間技術性最小測量滿足點如下：

① 5091＋（5091－3098）＝7084
　6365＋（6365－2485）＝10245
　→真實的波段目標是10256點、10393點

② 5141＋（5141－3845）＝6437
　6484＋（6484－3411）＝9557
　→真實的波段目標是9859點

③ 8170＋（8170－6609）＝9731 → 實際目標是10014點
　9220＋（9220－3955）＝14485 → 未實現的未來目標

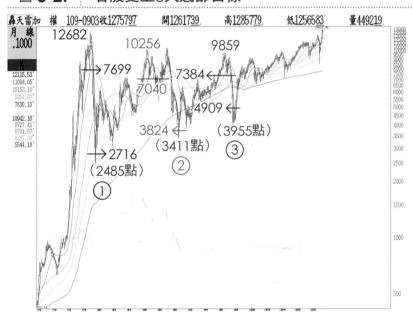

圖 **3-27** ｜ 台股史上3大底部目標

★由頭部型態預測底部目標（見圖3-27）

　頭部型態技術性最小測量跌幅滿足點如下：

① 7699－（12682－7699）＝2716

　　→ 實際底部目標2485點

② 7040－（10256－7040）＝3824

　　→ 實際底部目標3411點

③ 7384－（9859－7384）＝4909

　　→ 實際底部目標3955點

圖 3-28 ｜ 從量價關係看買賣點

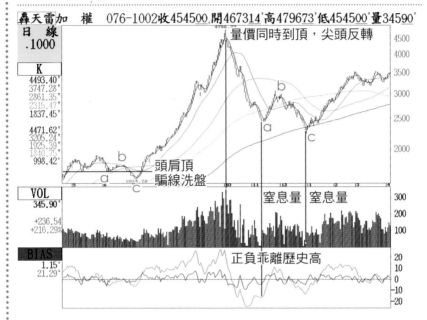

轟天雷加　權　076-1002收454500,開467314,高479673,低454500,量34590'

★量價關係（見圖3-28）

投資心法

→ 頭部一定是大量，但大量未必是頭部

→ 大量過後股價創高，量未再創高即量價背離，就是頭

→ 底部一定是小量，但小量未必是底

→ 小量過後股價創低，量未再創低即量價背離，就是底

→ 連續3天以上的谷底量，通常就是見底（經驗法則）

操作原則

賣出時機：①月累積出現多年來天量

　　　　　②日成交量連續3天爆量

買進時機：①月累積成交量出現多年來窒息量

　　　　　②日成交量連續3天出現窒息量

★歷史性低點的時間轉折

2485點，1990年10月
→ 1990年2月12682點以來第8個月
→ 1989年9月10843點以來第13個月
→ 1989年元月4645點以來第21個月
→ 1987年12月2241點以來第34個月

3411點，2001年9月
→ 1990年2月10393點以來第21個月

3955點，2008年11月
→ 2007年10月9859點以來第13個月

★歷史性高點的時間轉折

12682點，1990年2月
→ 1989年元月4645點以來第13個月
→ 1985年7月636點以來第55個月
→ 1982年8月421點以來第89個月

10256點，1997年8月
→ 1995年11月4530點以來第21個月
→ 1994年10月7228點以來第34個月
→ 1993年元月3098點以來第55個月
→ 1990年2月12682點以來第89個月
→ 1985年8月636點以來第144個月

10393點，2000年2月
→ 1999年2月5422點以來第13個月
→ 1995年8月4474點以來第55個月

9859點，2007年10月
→ 2003年4月4044點以來第55個月
→ 2000年6月8265點以來第89個月

第5次轉折將出現於…？（請見圖3-29）

圖 3-29 ∷ 台股第5次歷史高點大轉折將至

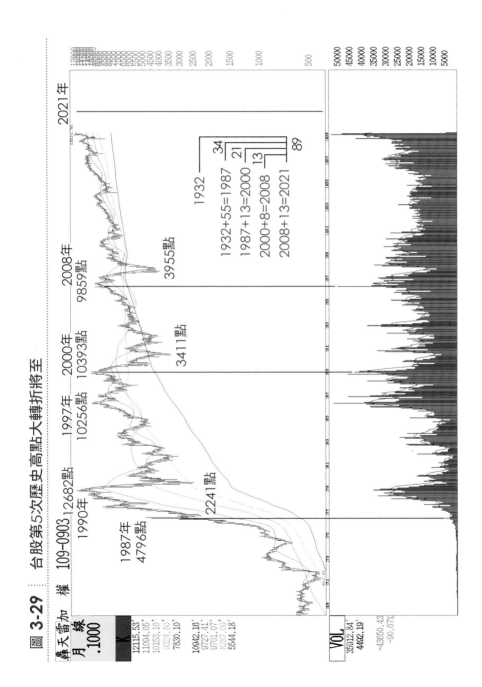

2021
世紀大轉折

大國競爭與世界秩序重整

◆ 蔡茂林

波浪理論小自可以掌握人生運勢、投資市場起伏轉折，
大至可以推演全球主要國家脈動乃至世界的改變，
2021年重要轉折即將出現，您準備好了嗎？

大國博弈勝敗
都逃不過自然法則

人類歷史的演化是在宇宙重力場帶動下行進的，並以大國為主軸運行，大國的博弈左右世界的發展；同時，從時間波的轉折點對照世界上主要國家的脈動來看，世界焦點現在很明顯主要就是美、中爭霸的博弈，如果再從對數螺線的螺旋史觀和費氏數列來參照，就可以非常清楚看出其中的變化。

本單元將從螺旋史觀出發，利用費氏數列和波浪理論闡明美、中兩國的歷史走勢和未來趨勢，同時指出西元2021年會是這兩國、尤其是美國，一個重大的轉折點。這個角度的切入和說明是發前人所未發的論調，各位讀者也可以在這個巨大而無法逆轉的趨勢中，利用本書所說的各種理論和方法，從中找出對自己有利的局面和發展面向，替接下來的人

生找到大的格局，進而發展出專屬於自己的人生道路。

● 人類歷史與對線螺數關係

歷史的英文是History，是源自希臘文的Historia，原來的意思是調查、探究。而對宇宙起源的推論，也就是對宇宙歷史的探究，由於重力場對宇宙演化的擺布、影響是無庸置疑的，因此，這種「廣義的歷史」正是按照對數螺線的特性發展的；相同地，一般人類演化的歷史，也就是所謂的「狹義的歷史」，自然也是在深受對數螺線的影響下，不知不覺地照其路線與邏輯而進行著。

研究人類歷史有何用處？「鑑往知來」－知道過去，預測未來，當然還是最重要的目的，同時還能明瞭歷史是循著對數螺線型態演化，最終就能了解人類究屬何種地位？人生目的為何？知道將來的道路為何？這些才是最重要的。

除了對宇宙發展有決定性的影響之外，這裡我們還是要強調，「對數螺線」對於人類歷史的最重要特性在於「自我相似性」。簡單說，如果把人類文明分成東方與西方兩大主流來看，近300年來西方的近代科學文明毫無疑問地確實主

導了目前的世界，至於東方文明的兩大代表國家─中國和印度，則是正在努力學習近代西方的科學與民主，希冀能夠迎頭趕上。

至於前景究竟如何，就是個有趣的問題了。如果仔細審視這兩大文明的「起點」就會發現，經過幾千年的「演化」以後，「自我相似性」的原理並未使這兩大文明融合，以下舉德國、日本為例說明。

20世紀人類最大的悲劇就是，科技的進步反而促使兩次世界大戰的爆發。在歐洲，兩次大戰的主角都是德國，尤其第二次世界大戰希特勒對猶太人「種族滅絕」式的屠殺最令人怵目驚心，主因為對生物科技的錯誤認知，造成的「種族優越感」所導致的毀滅性後果，害人害己。但是，戰敗後的德國勇於覺醒、認錯，向猶太人道歉，重新融入歐洲，最終促使歐盟成形，在可見的未來，一直都會是歐盟核心。

相反地，回頭看看東亞的日本，雖然因為明治維新而進行西化，成為亞洲數一數二強國，但卻也因為同樣學習了西方列強的殖民政策而產生了「民族優越感」，在第二次世界

大戰占領中國和東南亞時也是極為殘暴，殺害的人比希特勒還多，且在戰後始終不肯承認錯誤、道歉，「民族優越感」依舊。

為何會如此？德國文明源自希臘，日本文化則來自中國，演變至今，就知道各自的「螺線」起點有著落差。從對數螺線來看歷史的發展，可以發現一些轉折點（關鍵轉折）和費氏數列的巧合之處，能看到這些點，就會發現歷史的不同之處，目前的美、中爭霸就是其中非常好的實證，下文會詳細說明。

人類文明剛發芽的時候，與大自然多有親近，有較多時間觀察大自然，因此，東、西方文明都有類似「天人合一」的宇宙觀與人生觀。但當人類知識逐漸累積，腦部演化更加複雜之後，文明進化也產生劇烈變動，對數螺線的原始點，反而被忽略了，變得不重要，也就是說，這個真正會影響歷史發展的變數被人看輕了，甚至看不到了！

所以，惟有重新認識這些驚天密碼，重拾對數螺線的重要性，才有辦法看清現實和未來趨勢，做到掌握趨勢和預測

未來這項工作，進而改變人生的最終目標，這就是「歷史的重要性」。下面篇章會分析美、中兩大強權的現狀與未來走向，以及和費氏數列、波浪理論的密切關係，還有如何預測轉折點，並回歸如何做出最佳選擇。

知識小百科

螺旋形循環史觀

詹巴蒂斯塔・維柯（Giambattista Vico，1668年～1744年）是義大利政治哲學家、演說學家、歷史學家和法理學家，強調歷史是經驗與理性的結合，並提出了著名的歷史發展螺旋式演進論。他認為：「歷史既不是一直退步，也不是一味進步，更不是循環輪迴不休，而是螺旋式地上升才對。」

歷史是螺旋式向上前進的。從局部短期看，雖然是時好時壞，甚至好像愈來愈壞，甚至會從昇平世界退回到亂世裡，但那其實只是短暫的下降；只有從長遠的大歷史角度來看才能看出，事實上是愈來愈好、螺旋向上才是。

簡單的說就是，局部時段的升降不定，一定階段的下降不止，不影響其整體的上升，歷史的彎曲繞得再大，還是會彎回來向上而行，改變不了歷史進步的進程。

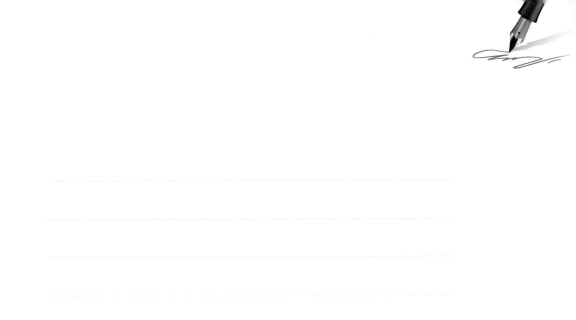
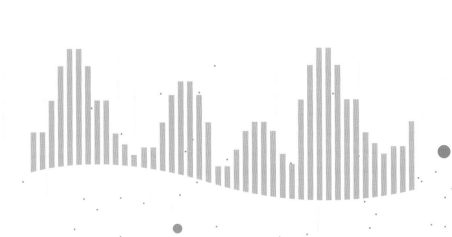

找到歷史轉折點
向上走？向下走？

何謂轉折點？其實就是拐點，也就是和原來方向不一樣的那個點，而這個點會讓事情發生變化，往不同的方向前進，也就是「改變」，至於是變好還是變壞，那就必須預測了。

本章節會先大致說明我們如何看待發現的驚天密碼，並解釋這些密碼對人類的影響，同時如何運用在每個人的人生上面，小到個人，大到宇宙，這些密碼都會是影響我們的轉折點。至於如何掌握轉折點的來到，創造自身價值，甚至產生對社會、國家，乃至於世界的改變，都是本書所要揭櫫的方向與目標。

既然重力帶動了生物的演化，再加上人類的科學已經發

展到了基因的層次，了解到均一性和多樣性並重是生物演化最重要的結果。前者意指地球上的生物基本單位─細胞，大致都以相同方式運作；後者則是指依據不同環境條件，細胞以對數螺旋的型態組成了各式各樣的生物，而且這些多樣化的生物在生存上是互補的。這樣的兩個特性才構成了今天地球生物持續演化和發展的基石。

因此，從生物學來看，生物的發展是藉由改變我們的基因，產生突變，「物競天擇、適者生存」，最終讓我們得利，所以，審視周圍的環境，各式各樣的生物樣態對我們非常重要。

比如說語言，我們需要廣泛與人溝通，接觸到各種不同環境的通用語言，同時還需要較小族群、團體間獨有的方言，進而產生「共振」，施展團體力量。

再比如政治制度，全世界都施行「美式民主」就比較好嗎？不妨換個角度去欣賞或觀察「社會主義式民主」或「伊斯蘭教式民主」的國家，同時少一些批評，在地球村中，多樣性的政治制度是比較符合「大自然法則」的。

　　再者，我們不應該存在「優越感」，因為優越感是違反大自然法則的。以日本來說，擁有優越的條件，但是「人生觀」不對，就不會有快樂的人生，連帶的，社會的價值觀不對，也就無法展現活力，即使條件再好，經濟仍會停滯。

　　同樣的，人一生的整個過程也必然是吻合大自然法則才會產生好的結果，如此才能順勢而為，注意轉折點到來時自己是處在「高點」還是「低點」，並且要了解自己身體中細胞和器官的運作，以及腦中的思想和智力的發展都是受到重力影響而演化的，我們可以將人生不同歲數產生的波折和轉折起伏概括起來，並導入費氏數列，形成圖4-1中不同人生轉折的波浪走勢。

　　這個人生轉折的波浪走勢可以運用在各個方面，例如人生運勢轉折起伏的預測，或是股市、匯市、黃金、期貨…等投資市場的預測分析，甚至是在健康養生方面的歸納分析也都沒問題。

　　不管您原先所在的人生位置在哪裡，都適用！但是，您首先必須判斷出目前處在人生波浪走勢圖形中的哪一個？這

是第一步，也是最重要的一步，否則不知道自己身處何處，

如何走下去？！請先確認好。

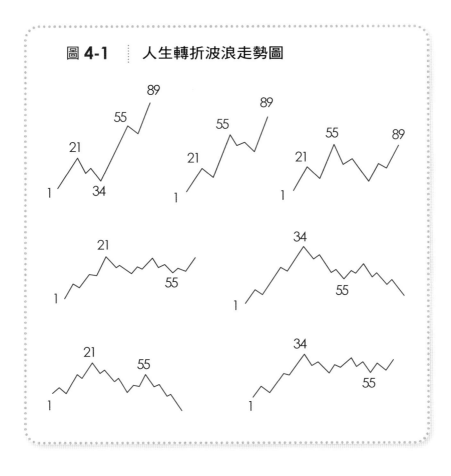

圖 **4-1** │ 人生轉折波浪走勢圖

美國的衰落
已過轉折點的超級強權

費氏數列：1、1、2、3、5、8、13、21、34、55、89、144、233、377、610…，這些我們熟知卻不熟悉其代表意義的數字，其實正是代表宇宙的力量在背後默默影響、推動著人類腳步往前走的關鍵，儘管絕大多數人們都感覺不到也體會不到，但這些影響卻是鐵一般的事實展現在我們眼前，最好的例子就是每天股市的起落。

本章節會將費氏數列相關數字帶入，以說明美、中兩國以往所受的影響、現在正發生的事實，以及輻射出去所會導致的趨勢變化，讓大家做為參考。

物極必反是自然法則

天下沒有不散的宴席，也沒有永遠的強者，強如雄踞東

亞千年的中國、號稱日不落帝國的英國也都會沉淪，而目前
的世界強權—美國，自然也逃不過這個規律。

美國歷史變化有關的費氏數列數字有144、89、13、
55。美國從西元1776年建國開始，經過144年的打底，到了
1919年第一次世界大戰後登頂，強盛的勢頭經過89年後，在
2008年以前風光無限，但在該年金融海嘯席捲全球，戳破華
爾街金融神話後，美國的內傷不輕，只是「百足之蟲，死而
不僵」，也是「瘦死的駱駝比馬大」，利用幾近無限制的QE
印鈔，總算撐過去。

然而，隨著川普上台後的瞎折騰，外樹強敵中國，內製
造種族、社會對立，再加上新冠肺炎疫情等黑天鵝事件，導
致美國帶頭的全球經濟一蹶不振。而時序接近2021年，也就
是2008年後的第13年，美國的國運終於來到了關鍵轉折點之
一的時候。

2021年對美國之所以重要，除是道瓊指數所顯示的費氏
數列關鍵轉折年外，更主要的是這一年同樣對中國很重要，
兩國的氣勢是否有所消長，對未來局勢會產生重大影響。

$$\frac{2}{3}+\frac{3}{4}=\frac{8}{12}+\frac{9}{12}=\frac{17}{12}$$

　　問題來了，2021年的美國國運盛衰關鍵如何看出來？我們可從做為經濟櫥窗的美國股市道瓊指數來觀察，相關細節已由林隆炫先生在第2單元完整解說，這裡我們只從1896年以後的長期趨勢做預測，統整說明與美國國運有關的部分。

　　「成也美元，敗也美元」這8個字可以概括美國自1932年到2076年這144年的國運。1932年是1929年大蕭條後的第3年，也是道瓊指數的最低點，而2021年正是第89年，這段期間是美國稱霸世界的國力巔峰時期，雖有2008年的金融海嘯等高低起伏，但基本上都是盤旋而上。

　　不過，接下來的55年就是美國的轉運期了，其中，到2042年之前，依據費氏數列和波浪理論來推測道瓊指數的走勢，這當中的21年美國國運會逐步下降，然後到了該年會反轉向上，經過迴光返照的34年後，到了2076年，就會是另一個轉折點。

　　所以，2021年道瓊指數的走向為向下至少21年，這是一個極大的向下轉折，正如中國國家主席習近平所說：「百年來未有之大變局。」

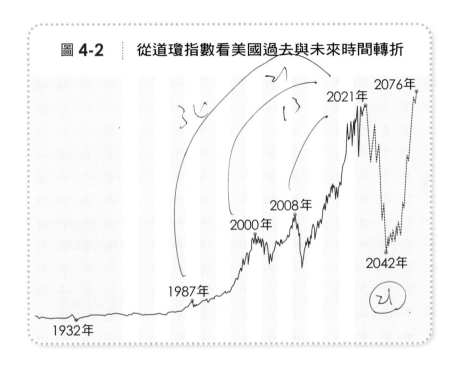

圖 4-2 從道瓊指數看美國過去與未來時間轉折

2076年
2021年
2008年
2000年
1987年
1932年
2042年

美元淹腳目，衰弱的開始

美元稱霸世界固然顯示美國盛世的來臨，但盛極而衰，當開始無限制地印鈔，也表示這種「飲鴆止渴」式的慢性自殺，將逐漸榨乾這個曾經偉大的國家。

● 極盛：布雷頓森林體系

1944年7月，有鑑於當時的德國、義大利和日本等軸心國敗象已成，以美國、英國為主的44個同盟國決定在美國新罕布爾州的布列敦森林（Bretton Woods）華盛頓山旅館舉行

會議，以決定戰後全球經濟秩序，而其所做出的相關協議，我們就稱為「布雷頓森林體系」（Bretton Woods system）。

知識小百科

布雷頓森林體系3大決議

1 固定匯率：各國的貨幣不准隨意貶值以維持固定匯率，促進貿易的暢通，並順利進行資本積累，以幫助第三世界國家重建戰後的經濟體系。

2 成立國際貨幣基金（International Monetary Fund，IMF），負責向成員國提供短期資金借貸，主要目的為保障國際貨幣體系的穩定。

3 成立國際復興暨開發銀行（International Bank for Reconstruction and Development，IBRD）或稱之為世界銀行（World Bank，WB），提供中長期信貸，促進成員國經濟復甦。

這次會議除了制定許多的相關金融架構以外，最重要的就是確立美元正式取代英鎊的霸權地位，且美國可以說是大獲全勝，不僅從英國手中搶到貨幣霸主地位，更為美國量身訂製了以美國為主的第二次世界大戰後全球金融秩序，這也正式標誌了美國不只在政治、軍事上的稱霸，全球經濟也因為美元的稱霸，而使得美國在各方面都走上了極盛之路。

● 轉折：美元與石油掛鉤

在二次世界大戰後，美元雖然取代了英鎊登上霸主地位，但這個體制隨著韓戰、越戰及石油危機的到來，面臨嚴重的挑戰。

因為，當初美國為了安撫各國的心，且自恃擁有全球8成以上的黃金儲備，在布雷頓森林會議上答應可以用35美元兌換1盎司黃金，也就是說，美國只要多印製35美元的鈔票，就要多儲備1盎司黃金。基本上，這還是「金本位」為主的貨幣制度，如此一來，各國才會安心地鎖定美元，因為美元是鎖定黃金的，美元自此也被稱為「美金」。

但是，這個情況到1970年代初期漸漸出現了問題，由於美國當時參與了韓戰、越戰兩大戰事，尤其是越戰，龐大的軍費幾乎快壓垮了美國的經濟，因此在1971年8月，美國總統尼克森只好宣布終止黃金與美元掛鉤的兌換制度，讓美元金本位制畫下句點，美元到此面臨重大挑戰。到了1975年，所有石油輸出國組織（OPEC）國家確定都以美元做為石油惟一計價貨幣，美元也因此重塑信譽，重新站穩了「貨幣一哥」地位。

● 滑落：無限制QE

綜觀美元所代表的美國霸業，其實就是以美元、美債和美軍為三本柱的循環遊戲。自從美元與黃金脫鉤卻和石油掛鉤後，美國就變成了世界的印鈔工廠，只要美國狀況變差，如經濟情勢變差，或是美軍的軍事行動需要軍費等問題出現，就可以加印鈔票來解決問題。

同時，美國還利用美債將流出的美元收回來，等於一邊用美元、一邊印美元，另一邊再收回美元即可。如此形成全球美元現金流循環，到目前為止非常好用，似乎可以就此度過各種難關。

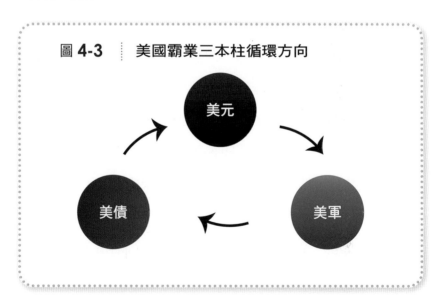

圖 4-3　美國霸業三本柱循環方向

　　尤其是2008年，隨著金融海嘯爆發，美國股市受到拖累，有全面潰敗的可能，聯準會就以3次加印鈔票（QE1、QE2、QE3）因應，這讓全世界變成「美元淹腳目」的局面；同時還尋求中國的幫助，要求中國增購美債，穩住美元。如此一來，首先從華爾街受惠，然後逐漸輻射到全球股市，情勢一時之間獲得穩定。

　　儘管美元的通貨膨脹疑慮，因為以全球金融市場為大海當做宣洩之地，暫時化解了，但QE就像打開的潘朵拉盒，放出的妖魔鬼怪只會愈來愈嚴重，2021年是金融海嘯後的第13年，亦是費氏數列顯示的關鍵一年。

　　因為2020年爆發的新冠肺炎疫情，美國使出無限QE手段，加上這些年散布在外的石油美元（Petro-dollar）有數兆美元之譜，已非美國所能控制，因此，2021年重要轉折即將出現，相關情勢絕對必須注意，以免錯失後續布局機會。

中國的崛起
黃金交叉勢不可當

中國的衰落中期要看鴉片戰爭，長期則可以看到鄭和下西洋及永樂大帝興建紫禁城的時期（盛極而衰的道理永遠不變），而崛起則必須要從1921年中國共產黨的創立開始看起。

● 永樂盛世後長期衰落

從明朝永樂帝建北京紫禁城及派鄭和下西洋，中國當時的國力正是世界的頂峰，西方的工業革命在中國並沒有發生，極致皇權以及儒家思想導致中國自大鎖國，至今又是一個接近費氏數列的610年過去了，上一次發生世界大瘟疫的西班牙流感讓美國崛起，這一次的新冠肺炎世界大流行，又恰好遇上了美國股市的第89年大轉折，這次中國是否要超越美國了呢？

● 中美脫鉤，世界島藍圖浮現

中、美兩國歷史的發展，在中國40年改革發展下，同時美國川普所顯現的美國至上孤立主義下，前者展現力量向外，大踏步向前，後者則持續內縮，顯示力量的不足已經導致美國無力顧外，只能想辦法解決內部問題。這種種的跡象都證明，中、美兩國確實已經開始了不同的道路發展，前者是螺旋式向上，而後者則是反向的螺旋式向下，轉折點就在2021年。

這當中地緣政治所謂的「世界島」概念，由於條件已經相對成熟，因此，很可能就會變成21世紀新的政經中心，應該是無法避免的趨勢了。

目前看來，中國應該是未來最有資格主宰世界島的國家，因為，在高鐵的快速覆蓋和一帶一路政策帶領下，讓中國的高鐵里程數已經即將突破4萬公里，和世界各國的距離持續拉近；同時，一帶一路協助各國打造基礎建設的成果也已經慢慢顯現。

由於從中、美兩國發展態勢來看，前者明顯是向上，而

後者在2021年的轉折之後，就是一段長時間的向下趨勢。因此，面對「修昔底德陷阱」這樣的局勢，身為老二的中國不需要與身為老大的美國正面衝突，諸如目前美國大選川普是否會當選的這個問題，其實和大自然的力量相比是無足輕重的，有了這個認識，就能夠行所當行而止所當止了。

知識小百科

什麼是世界島？

世界島（World-Island）這個概念是由英國地緣戰略學家哈爾福德・麥金德（Halford Mackinder，1861年～1947年）在1902年所提出。他認為世界大勢深受各國所處的地理情勢限制，因此將之分為兩大類國家，一是世界島上的國家，由歐洲、亞洲、非洲所組成，是世界最大、人口最多、最富饒的陸地組合；一是邊陲國家，如美洲大陸、澳洲大陸、菲律賓、印尼、日本及不列顛群島等位於世界島邊緣的列島與外洲。

這個理論又稱「陸心說」，也就是說，美國、加拿大、英國、澳洲、日本等邊緣區域目前雖然強盛，但世界島國家終將奪回領導權，尤其高速鐵路的出現已經大大降低了單一強權主宰中心地帶的難度。當歐亞大陸被密集的鐵路網覆蓋時，一個強大的大陸國家將主宰這片自東歐門戶開始的的廣袤土地，而這也將是這個國家主宰歐亞大陸，進而主宰世界的前奏。

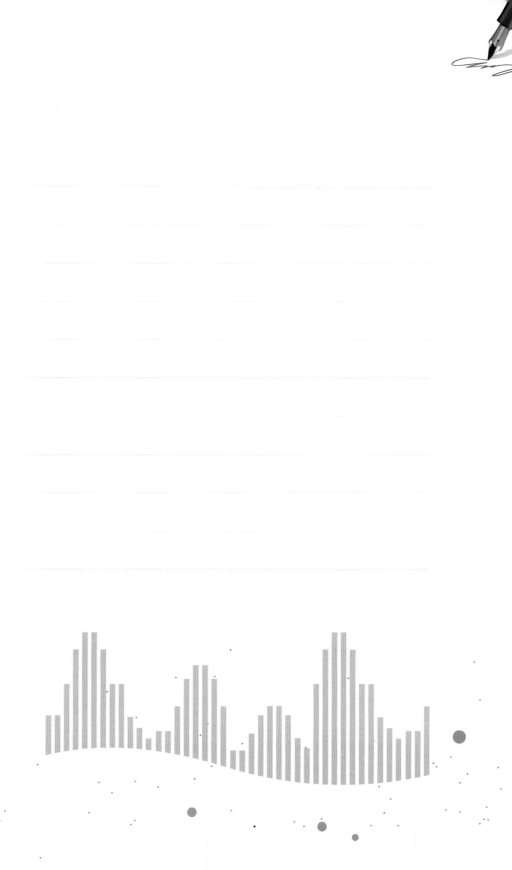

中華民國
徘徊在十字路口！？

中華民國自建國以來，歷經軍閥割據、日本侵略，民國34年（西元1945年）才辛苦取得抗戰勝利，但隨即又展開國共內戰，並被迫遷移台灣，幾經辛苦，直到民國55年（西元1966年）中國發生文化大革命，台灣經濟開始起飛成為亞洲4小龍，局面才有所不同。

民國89年（西元2000年），不承認中華民國的民進黨執政，國運發生大轉折。雖然前總統陳水扁因為貪腐引起民怨，國民黨馬英九執政完成徹底三通，民進黨蔡英文仍以壓倒性優勢當選並獲得連任。

「中華民國」這4個字歷經滄桑，且代表的中華民國自民國89年以來，似乎進入了一個重要的轉折，是名存實亡

呢？還是面臨2021年美國股市轉折向下，跟著美國沉淪呢？或是受到中國正要走出主升段的機遇反轉向上呢？走在十字路口的到底是誰？「中華民國」嗎？或是「台灣」呢？看到上面的時間節奏，要如何決定呢？

有趣的是，台灣之光－台積電成立於1987年，到2021年也正好面臨了34年的轉折，今年底或明年初台積電股價到了最高點，各位讀者，轉折點到了，股價在相對高點，您能不慎乎？

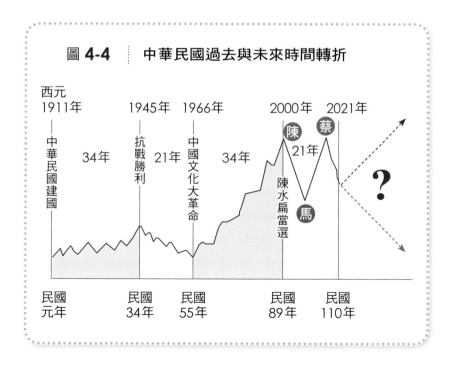

2021
世紀大轉折

PART5

對數螺線、費氏數列影響你的一生

◆蔡茂林

當我們理解了對數螺線、費氏數列，
以及它們與生命歷程間的奧妙關係，
維持身心靈健康、活出新人生，
將不再是一件難事。

我的55歲轉折
走出老化帶來的病痛

這個單元主要是以對數螺線與基因、演化的關係為出發點，說明人類健康所受的影響，同時，再從個人的經驗和身為醫師面對病痛時如何面對、學習、超越的過程，總結出一套健康養生的方式提供給各位讀者參考。

絕大多數人都在不知不覺中受到重力場的影響而不自覺，55這個費氏數列的數字就是這樣。筆者55歲時，毅然決然將所經營的3家婦產科診所結束，讓自己處於休息的狀態，雖然有諸多原因，但最主要有下幾點：

55這個數字太神奇：一是55歲這個數字本身的魅力。人生歷程中，這個歲數算是最奇妙的時間點之一，以個人來說，前半生已歷經各種高低起伏，原本以為會這樣過完一輩

子，但那時已深切領悟到55歲是人生重要的轉折點，是改變的時候了。後來回想起來之所以會做這樣的決定，應該正是下意識中受到了重力場對數螺線發展影響的結果，本書附錄也提供了當代兩大傳奇人物，見證55、89這兩個費氏數字的神奇之處。

二是台灣的出生率已明顯走下坡，生育率的下降也讓周遭環境發生變化，使自己興起了「讓人生轉彎」的念頭。三是身體經過多年的操勞已發出嚴重警告，出現大大小小不等的健康警訊，體力嚴重衰退，再不休息與好好保養，恐怕不只無法再為大家服務不說，連性命都堪憂了。

從病痛中活出新人生：筆者退休時體重達到92公斤，明顯過重，且從年輕開始就是B型肝炎帶原者（應是遺傳自母親）。另外，超音波檢查時還發現有脂肪肝和膽結石，為了減重，每天早上都到公園籃球場做投籃運動。

這樣做之後卻發現「減肥沒有那麼簡單」，即使已經減少碳水化合物的攝取，增加蛋白質攝食比例，卻在一次很厲害的痛風發作之後，覺悟到「自己對新陳代謝疾病了解的不

足」。接著，詳細檢查就發現已經是輕型糖尿病患者了，同時電腦斷層和心導管檢查後更發現，冠狀動脈阻塞程度達到85%，且不適合放支架，因此，在10年前進行冠狀動脈繞道手術，為的就是將運動中猝死的機率降到最低。

另外，更在4年前，由於持續將喜愛的籃球當作主要運動的關係，罹患膝關節退化性關節炎，曾一度痛到上、下樓梯都困難重重，看了醫師之後，結論都是吃止痛消炎藥及多休息。

身為一名醫師，經歷過這些事情後，愈發想要徹底了解這些原本就和自己專業有關，以前卻嚴重忽略的部分，在閱讀、查詢網路、書本上各式各樣的相關資料、文章和研究報告後，目前得到的結論是「病都是吃出來的」，正確運動則是延緩老化的惟一方法。

讓周遭的朋友一起健康：就這樣堅持數年之後，不僅達到減重效果，更有效降低膽固醇、尿酸指數；關節炎也因為正確、適量的運動和重訓，獲得了改善，更因為有阻抗性質的重訓鍛鍊，老年人常見的「肌少症」不只沒有產生，還因

此練出了肌肉線條。

同時，在這個過程當中，將自身的養生經驗和數十位不乏糖尿病、退化性關節炎等病痛，且大部分都超過65歲的老人球友們交流、回饋之後發現，這些原本以為只適合自己的身心靈保養之道，竟對大家也都有促進健康的功效，不僅修補了原來的不舒服、甚至生病的地方，很多人還藉由這些保養方式促進了整體的健康，過得比以前更有活力。

由此看來，我們綜觀目前主流的治療方式後似乎不得不說，其中確實有許多值得商榷之處，加上坊間各種健康食品廣告、各種飲食問題的討論五花八門，更是難以定論，令人無所適從。

筆者目前73歲，親身經歷了老化和各種病痛的過程，對如何調整飲食，如何處理老化與運動傷害都有一些心得，本單元就是把這些心得及基本的醫學原理歸納成8大重點，提供給大家，最後並以長壽人瑞的生活方式加以歸納，與大家分享，讓各位讀者「知易行易」，享受人生。

對數螺線、基因 與健康息息相關

從第1單元可知，重力是宇宙演化的動力來源，時間則是演化的轉折重點之一，生物個體成長與老化的過程，也是根據對數螺線的特性「自我相似性」演變而來，但人類基因卻是反其道而行，基於對抗重力原則而成為「雙股扭麻花型態」，這種構造正是可以對抗演化的重力場，成為安定、不易變動的構造。而之所以會演變成如此，就是為了維持基因的穩定性，否則就會隨著重力干擾而容易變異，例如基因屬於單股構造的新冠病毒的演變，就是很好的例子。

太極與新冠病毒竟有相對性

單股構造生物的特性就是「容易變異、容易傳染、不容易致命」，而這3大特點其實只有一個原因—重力的影響。新冠病毒基因構造就不是雙股扭麻花狀，而是單鏈結構的

RNA蛋白鏈，因此很容易受到重力影響產生突變，以致不穩定，而變異一再發生的結果，就是容易傳染卻不容易死亡，否則宿主死亡後要持續變異就不容易。因此，其不穩定的特性，導致天性需要持續變異，所以，即使有了疫苗，也難以將之根除，終將影響今後人類的各種活動，這是否為大自然對人口爆炸、環境破壞做出的反撲呢？

知識小百科

雙股扭麻花構造vs.對數螺線

穩定與變異是演化上兩大矛盾與特點，有穩定才能持續生長、壯大，有變異也才能突破，增加生存機會，兩者缺一不可，而這兩種特性的代表圖案，一是太極，一是對數螺線。為什麼是太極？因為，太極圖案正是基因雙股扭麻花構造的橫剖面，代表穩定不易變動的結構，中醫講究陰陽平衡之道，正是源自於此；對數螺線則以「自我相似性」的型態，帶動由細胞組成的生物個體成長、壯大，並且受到時間轉折的影響，使得生命有起伏、有終結，而延續生命之道就在於陰陽個體的基因交換重組（生育後代），並隨著生存環境做出「微調」適應。

▲圖5-1（左）：雙股扭麻花狀基因示意圖
▲圖5-2（右）：太極圖案是雙股扭麻花構造的橫剖面

但是，擁有雙股扭麻花狀基因的生物卻能抵抗重力，基因是安定的，個體開始一步一步經由細胞複製而發育成長，經過千百萬年的時間後，不僅生物多樣性非常豐富，也才有機會演化出人類這種高智商的生物物種。這當中能夠發展智慧的，就是大腦的皮質層，由此觀之，我們可知道「大腦皮質層」的變化可以說是演化的極致表現。

大腦皮質層為人類神經系統初始核心，是依照對數螺線演化原則逐漸變化出來的產物，也是人類創造文明的基石，而且我們發現，千百年之前的人類和現在的人類大腦皮質層相比，後者的複雜度又高於前者，雖然不見得重量比較重，但是也說明了皮質層的皺褶部分，正是人類智慧演化的具體表現。

因此，理論上來說，由於人類使用大腦的情形愈來愈多，運作愈來愈複雜，知識累積的程度愈來愈深，我們可以合理推論，100年後的人類應該會比現在的人類還聰明，而200年後的人類又比100年後的人類更聰明。如此一代一代演化下去，人類大腦皮質層皺褶愈多、神經傳導的樹突組織愈發精細，聰明程度自然愈來愈高。

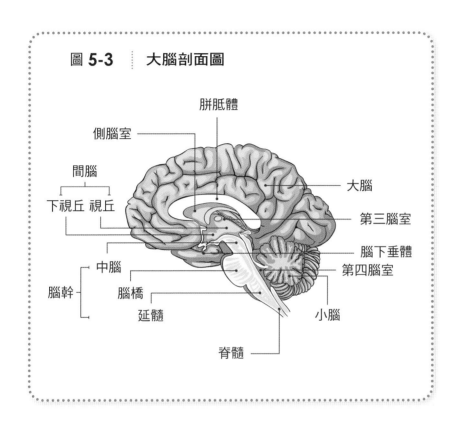

圖 **5-3** │ 大腦剖面圖

胼胝體

側腦室

間腦

下視丘 視丘

大腦

第三腦室

腦下垂體

第四腦室

中腦

腦幹

腦橋

延髓

脊髓

小腦

回到身體核心，逆轉健康

　　更重要的是，人類運用腦力益趨頻繁，雖然促進了腦部的發展，卻也連帶對健康產生了重要影響。如果我們反向思考，逆轉演化的路線，也就是返回控制我們身體的核心──「腦部」來看，就會發現腦部的重量大概只占2%，但人體產生的20%～30%熱量卻都必須供應到腦部，可見腦部是身體最重要的樞紐。但也因此，幾乎沒有休息的機會，只要出了

差錯變成不順暢地運作，就會對健康產生很大危害。

所以，靜坐、冥想、練氣功能夠適時地關閉、延緩複雜的皮質層帶給我們的壓力，而讓主管呼吸、心跳，也就是鍛鍊對數螺線的原始出發點—「腦幹」得到強化。另外，正確的斷食，讓紊亂的新陳代謝恢復正常，身體重新開機，等再開始運作時，身心靈會有煥然一新之感，如此就能維持健康的身體，即使是受過傷或是生過病的機體，也能夠恢復正常，甚至更勝從前。

更神奇的是，不管幾歲的人，只要能夠維持這樣的生活方式，對於養生和恢復、維持身心靈健康，都有莫大益處。以下篇章，會再說明新陳代謝的重要性，還有飲食與進食順序的重要性，與腸道健康、進食、自噬和健康的密切關係，以及如何預防失智症與健忘。

知識小百科

大腦皮質層與腦疾病

所謂的大腦皮質層是指腦部最外層被彎曲皺褶包覆的部分，它的產生和發育代表人類演化的成績，與感知、思想、情緒和行為等高層次心智有關，簡單地說，皮質皺褶程度愈複雜表示表面積愈大，如此一來，才可以裝入內部表面積有限的腦袋裡。

這些年來，失智症、自閉症和各式精神疾患等很多和腦部有關的問題，已慢慢侵蝕愈來愈多人的健康，甚至有人預估未來的危害，很可能會超過癌症對人類健康的威脅程度；同時，各種影像檢查也顯示，健康的人和罹患源自這些腦疾病患者的大腦皮質外觀不同，有腦部疾病者，愈嚴重白質部分會愈大。

▶圖5-4：大腦皮質層在腦部最外層

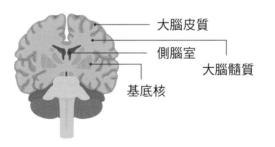

大腦皮質

側腦室

大腦髓質

基底核

新陳代謝異常
才是萬病之源！

糖尿病屬於新陳代謝異常所產生的疾病之一，但它其實是一種飲食病，因此一般來說，只要改善飲食即可治療，不一定要靠藥物。根據世界衛生組織（WHO）統計，近30餘年來，世界糖尿病患者增加了4倍，而台灣目前糖尿病病患約占總人口數8%，若是再加上潛在性病患，則大約有15%。

血糖的角色愈來愈重要

糖尿病近年來的分類愈來愈細，其中，以第Ⅰ型、第Ⅱ型糖尿病較為常見。第Ⅰ型糖尿病屬於先天遺傳，經常是年輕時就會發病，這類型的糖尿病限制比較多，患者和自己的醫師需要討論清楚相關治療目標以及改善方式，所以這裡不予討論。

知識小百科

代謝異常

醫界經過多年研究發現，將中圍肥胖、血中三酸甘油酯（TG）偏高、高密度脂蛋白膽固醇（好的膽固醇，HDL-C）偏低、高血壓、空腹血糖高等5項指數一起來看的話，只要至少有3項以上異常者，就可以說是屬於代謝異常的危險族群。

這表示，這些人罹患或發生糖尿病、腦血管疾病、心臟病、高血壓等重大慢性病的機率偏高，換句話說就是健康已經亮起紅燈，必須特別注意。甚至近年還有研究發現，癌症的發生機轉很可能也與此有關，因此，也有人認為癌症與糖尿病或許有密切關係，可見這個問題的嚴重性，已經是刻不容緩的重大健康事件了。

　　第 II 型糖尿病則是後天不良的生活、飲食習慣造成居多，同時年紀愈大發病率愈高，這部分的患者飲食改善和控制就顯得相當重要。血糖升高會造成全身血管內壁損傷及脂肪堆積，最終導致高血壓、大血管病變，最後中風及心肌梗塞、腎衰竭。

　　我們都知道，葡萄糖是身體新陳代謝能量來源，正常人燃燒葡萄糖是取用肝臟及肌肉中的肝醣儲存量，約總量400公克（1600大卡），剛好是一個人1天的基礎代謝率，而胰

島素的作用是把進食時攝入的葡萄糖，經由同化作用以肝醣形式儲存於肌肉（大部分）及肝臟中（少部分）。

所以，當糖分過度攝取、頻繁進食（宵夜、下午茶），就會造成胰島素一再分泌，甚至產生所謂「胰島素阻抗」情形，血糖持續升高，或是多餘的血糖被儲存在肝臟，形成脂肪，造成內臟脂肪堆積及肥胖。

圖 5-5　正常人VS.糖尿病患者血糖示意圖

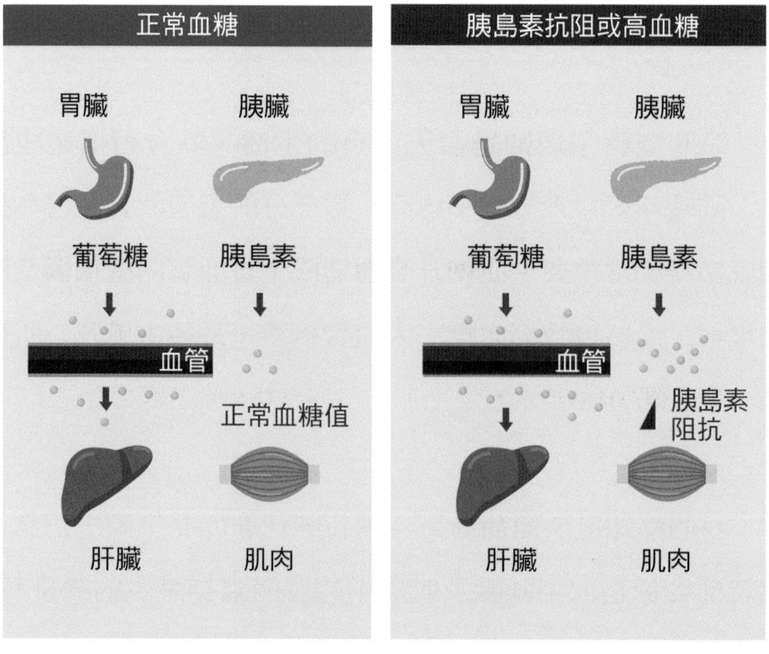

正常血糖	胰島素抗阻或高血糖
胃臟　　胰臟	胃臟　　胰臟
葡萄糖　胰島素	葡萄糖　胰島素
血管	血管
正常血糖值	胰島素阻抗
肝臟　　肌肉	肝臟　　肌肉

　　以正常人和糖尿病患者相比較而言，前者的血糖都能夠順利進入肝臟和肌肉儲存起來；後者則多因為胰島素阻抗關係，肝臟和肌肉無法有效儲存肝醣，反而堆積許多脂肪，導致脂肪細胞發炎，讓胰島素阻抗惡化，形成惡性循環。

　　至於血糖升高的危害，從美國史丹福大學的傑拉德・雷文教授（Gerald Reaven）在2018年7月17日所發表關於胰島素阻抗和高胰島素血症（常因高碳水化合物飲食引起）的研究可以得知，容易導致肥胖、動脈疾病（局部性的心臟病或中風，全身性的第Ⅱ型糖尿病）、高血壓、脂肪肝、癌症和老年失智症（阿茲海默症，又稱第Ⅲ型糖尿病）等6大類疾病，可以說新陳代謝的異常，已經快要和萬病之源畫上等號了，我們能不重視乎！

糖尿病治療方式需要大幅度改變

　　曾獲得2018年美國糖尿病協會（ADA）最高榮譽班廷獎的舒曼教授（Gerald I. Shulman）就說：「大部分目前治療糖尿病的藥物，都只是治療症狀而非處理糖尿病真正的原因—胰島素阻抗。」顯示目前醫療體系對糖尿病治療的觀念需要檢討改進。

　　然而，目前大部分醫生對於糖尿病的治療，多以口服降血糖藥物及注射胰島素為主，對於教育病人減少糖分、澱粉類食物的攝取做得明顯不足。事實上，隨著年齡增加、代謝率及運動量下降，糖尿病及高血糖風險增加，使用藥物遠不如了解血糖變化的機轉，進而控制糖分的攝取及增加運動來得有效。簡單地說，限制碳水化合物（醣類）的攝取，就是治療糖尿病的最佳方法，而非一味地依賴注射胰島素及服用降血糖藥物，因為，這麼做反而無法改善糖尿病真正的原因──「胰島素阻抗」問題。

知識小百科

胰島素阻抗

當身體偵測到血糖升高的訊號時，就會刺激胰臟分泌胰島素到血液中，開啟葡萄糖進入細胞的通道，就能降低血糖。但是，如果血液中的葡萄糖升高時，胰島素要將血液中的糖分送往細胞內時發生困難，血糖就會降不下來了，這就是「胰島素阻抗」。同時，在血液檢查時往往會一併偵測到「高血糖」與「高胰島素」的狀況，這是糖尿病患者常見的情形。

不過，有另外一種人是血糖為正常值，血中胰島素卻很高，這種人已經有了胰島素阻抗的現象，可稱為「潛在型糖尿病患」。因此，只以血糖值的高、低來診斷糖尿病是有問題的。

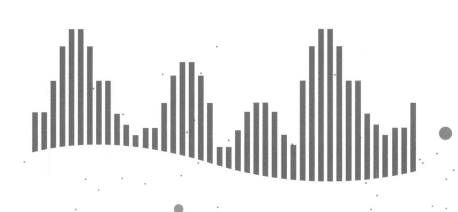

怎麼吃才對？
健康的黃金比例飲食

絕大部分的人都在問，到底要怎麼吃才會健康，而什麼又是不生病飲食？其實，答案就在我們出生時所吃的初食—「母乳」中，其營養成分為醣50%、脂肪40%、蛋白質10%，正是我們所探求的健康「黃金比例」飲食。

民眾在經過多年的各式營養資訊洗腦下，大多數人都認為「低脂、低油、高蛋白飲食」才是健康飲食，然而，除了高糖飲食確實不可取外，目前大眾所認知的這種飲食方式，其實反而是不對的。

大部分的醫生看見驗血報告中三酸甘油酯過高、膽固醇過高（尤其是低密度膽固醇LDL-C過高）時，多半開藥及叮囑少吃油，但結果往往不理想，主要原因在於少吃油必然造

成碳水化合物（醣類）及蛋白質攝取比例增加。

我們身體的蛋白質其實是構成肌肉、內臟器官、內分泌系統、免疫系統等硬體結構的元素，要是大量運動消耗完儲存的葡萄糖，人體就會優先利用儲藏的脂肪做燃料，只有極少部分的蛋白質可以轉換為葡萄糖來燃燒，因為，脂肪的存量比葡萄糖大得太多了，同時蛋白質燃燒會產生許多有毒的代謝廢物，因此，吃過多蛋白質也會影響身體的自噬（Autophagy）作用，增加廢棄毒物，慢性身體中毒，加快老化速度，增加癌症風險。

40%的脂肪怎麼吃？

在不生病飲食的「黃金比例」中，醣類只要正確的吃不難達成，我們先不討論，最難攝取的是40%的脂肪，因為，這和我們的飲食習慣不太一樣。

先說明油脂的重要性。在人體神經系統中，油脂占7成的成分，也是所有細胞膜的主要成分，如果每天需要2000大卡熱量，40%的油脂產生800大卡的熱量，如果每克油脂可以產生9大卡（蛋白質及葡萄糖都是每克產生4大卡）

來算，一個體重70公斤的人每天約需90c.c.的油脂。如果每天燃燒這樣數量的油脂，據說產生的BHB酮體（Beta-hydroxybutyrate，β-羥基丁酸），足以抵銷所有對身體有害的發炎反應，對身體的幫助太大了。

由於我們食物中含有的油脂大約只有20c.c.～30c.c.，為了不使碳水化合物過量，許多醫生建議可以選擇攝取所謂的Omega-3、Omega-6、Omega-9等單元及多元不飽和脂肪酸，這些就是細胞膜及神經組織的主要成分，但Omega-6如果吃太多，而Omega-3不足的話會導致發炎反應、癌症的擴散、心臟病、關節炎及免疫失調，要稍微注意。

飽和脂肪酸在人體內主要是做為燃料，有些醫生認為吃太多會導致膽固醇升高，但其實只要多補充Omega-3油脂，就沒有這些問題。

許多人對於食物中的膽固醇含量頗為在意，其實目前大多數醫生都認為人體中的膽固醇8成是自身合成的，食物造成的高膽固醇血脂每個人天生體質差異極大，最好自己注意驗血結果再向醫生諮詢即可。

知識小百科

Omega-3、Omega-6、Omega-9油脂

Omega-3可轉換成EPA和DHA，能活化腦細胞、改善神經衰弱，在星星果油（印加果油）、紫蘇籽油、鯖魚等青背魚中含量豐富。

Omega-6在大豆沙拉油、葡萄籽油、葵花油、玉米油、芝麻油等許多植物油中都有，不過如果身體內含量過高，容易導致發炎現象。

Omega-9則在苦茶油、橄欖油中含量豐富，其有著非常好的抗發炎作用。

至於Omega-3、Omega-6、Omega-9的攝取比例，我們會建議控制在2：1：1。

▲圖5-6：橄欖油含有豐富的Omega-9。

胰島素、升糖素對血糖影響

胰島素（Insulin）和升糖素（Glucagon）對血糖的影響是一種相對的關係，胰島素是由胰臟的 β 細胞分泌，相對應的升糖素則是由胰臟的 α 細胞分泌，兩者互相作用，以保持血糖的平衡穩定。

胰島素會將血糖帶入肝臟儲存為肝醣，也可以帶入細胞儲存為脂肪，所以又稱合成荷爾蒙（或稱同化作用），因此，吃進醣類就會促使血糖升高，胰島素分泌，而升糖素的作用恰恰相反，每當血糖低時，就會促使肌肉以及肝臟中的肝醣分解成葡萄糖，燃燒成為能源，也可以使細胞中儲存的脂肪（三酸甘油酯）變成脂肪酸，成為細胞的燃燒能源，而這就稱為異化作用。

為何筆者要特地簡述這兩種荷爾蒙在代謝系統的角色？主要是因為研究發現，空腹進食一開始先食用醣類時，會立刻引發血中胰島素升高，進而儲存、合成作用產生，但如果先吃入蛋白質或脂肪，一段時間後再食用醣類，讓升糖素先起作用，胰島素的分泌就會大為降低，同化作用減弱的結果是不會堆積脂肪，當然也就不會變胖。同樣的一桌飯菜，因

為食用先後順序的不同，結果竟然會有如此大的差異，確實令人驚訝。

正確進食順序：

蛋白質或脂肪 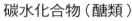 碳水化合物（醣類）

當然，這些新陳代謝的變化常會因人而異，但不管是第 I 型糖尿病還是第 II 型糖尿病，只要有服藥或注射胰島素，一定要和醫生溝通清楚後再施行，這裡只是一個小提醒。

腸道決定身體免疫力
重要性超乎你的想像

在胚胎學上，較原始的原腸類生物，由於神經系統尚未生成，腔腸就是神經系統，而人類胚胎發育時期腸道與大腦是同時發育的，之後腸絨毛菌直接影響到腸道神經系統，再由體內的迷走神經（Vagus nerve，自律神經系統的主要部分）與大腦產生連結（所謂的腦腸軸線），因此也有人稱腸道神經系統為第二大腦，可見其重要性。

腸道：第二大腦

現在已知腸道中各種免疫細胞比血液中來得多，約占全身免疫系統60%～70%，而腦腸軸線是一個雙向的生理調控管道，和我們的身心健康息息相關。腸道菌對人體的重要性，光是它們對免疫力、對發炎反應的影響就已經確認一些自體免疫疾病，如多發性硬化症（Multiple sclerosis）、精神

病、動脈硬化、癌症…等都和腸內菌有關。

知識小百科

第二大腦

所謂的第二大腦不是真的有一個腦袋在腸胃道，而是指包含了圍繞在食道、胃、小腸、大腸內、外的神經脈絡系統擁有數量第二多的神經細胞，是大腦以外最複雜的神經系統。

研究顯示，它不只會表達情緒、學習、思考、記憶，還會接收來自消化道的訊息，甚至發出指令，比如腸道菌叢可以透過神經傳導物質影響迷走神經，進而控制人體對食物的喜好。因此，也許你愛吃什麼，討厭吃什麼，很可能就是由體內腸道菌叢決定的喔！甚至，隨著年紀增長，口味的改變搞不好也是腸道菌叢幫你做決定的，和你沒關係！

　　小腸的前半部稱為空腸，營養大部分在此吸收，後半部的迴腸到大腸區域，有非常多的腸道細菌，數量約有100兆個，總重量約有1公斤之多。一個健康的年輕人，腸道細菌中以乳酸菌為代表的「好菌」約占2～3成，以產氣夾膜梭菌及大腸桿菌為代表的「壞菌」約占1成，其他無益也無害的菌約占6～7成，這些比例會隨著年齡而改變。

　　會造成腸道中細菌不良比例主因是吃太多及運動不足所引起，也是造成熱量大量吸收、易胖體質以及便祕的主因。

許多研究報告都發現，孕婦腸道菌的健康與否會影響胎兒的大腦發育。當年紀愈大，代謝速度變慢、變差，加上運動不足，食物中肉類蛋白質過多，都會造成壞菌過多，因此要特別注意。

好菌維持腸道健康

至於要如何培養好菌（益生菌），建議超過65歲以上的長者可依以下的方法進行：早餐絕對不吃碳水化合物，只吃蛋白質，然後運動；運動完先吃蛋白質，等到午餐時吃一些碳水化合物；睡覺前則吃比例上最多的白飯、麵條、麵包等碳水化合物，還有益生菌和魚油。

這樣吃的原理就是，睡覺時腸道可以培養益生菌，飯、麵條或是麵包則被儲存起來，早上空腹運動時體力不會降低，反而能夠維持得很好，不過這個先決條件是身體要有一定比例的肌肉，才會產生這樣的良性循環。至於肌肉的養成一定要做有阻抗力的重訓才行，也就是說，老年人的運動其實要包含重訓在內，如果能夠養成以上的好習慣，不僅能夠培養腸道內的益生菌，還能夠長肌肉，防止肌少症的發生，一舉兩得。

腸道菌與淋巴球是免疫功能主角

腸道中的好菌對免疫力的幫助自不在話下，而少量的壞菌也是有類似「疫苗」的重要作用，它以微弱的毒性刺激免疫系統，驅使免疫系統在腸道內製造出許多不同的抗體。

腸道的免疫力另一個重點就在迴腸的表面有許多類淋巴結組織，腸系膜上也有大量的淋巴結，由於腸道的淋巴組織非常多，在這附近聚集的淋巴球約占全身的6～7成。在淋巴管中流動的淋巴液會抵達淋巴結，這些淋巴結形成網格狀的組織，是人體免疫系統中十分重要的角色。

以腹式呼吸按摩腸道淋巴系統使之保持暢通，是日本信州大學教授大橋俊夫（Ohhashi Toshio）所提倡的，方法是在飯後2～3小時，躺平吸氣讓腹部鼓脹起來，再慢慢吐氣讓腹部凹下，如此做20分鐘，可以讓食物中的脂肪經腸道淋巴系統，壓入淋巴的乳糜池，促進淋巴液流動，增加免疫力。

此外，有些研究指出，食物中常攝取一些醋，以及一些短鏈脂肪酸有助於預防腸漏症；當然，多吃水溶性膳食纖維也是最重要的（現代人大多攝取不足）。

萬病治源！
自噬與間歇性斷食

自噬：萬病治源

自噬（Autophagy），可以顧名思義認為是「自己吃自己」，當然，事情沒那麼簡單，其實它是在細胞中的一種作用：當細胞遭受到環境脅迫時（譬如斷食，限制碳水化物攝取，長時間激烈運動等）其訊號受體往細胞內回傳，細胞內多種脂質及蛋白質會形成分隔膜，包裹住受損的胞器或蛋白質，成為自噬體，送到溶酶體融合，由溶酶體內的水解酵素分解為胺基酸，銷毀排出或再利用，成為細胞的營養。

這個概念雖然科學界在1960年代就已經知道，但是一直要到2016年大隅良典（Ōsumi Yoshinori）獲得諾貝爾生理醫學獎後，才開始受到高度重視。大隅良典更新了人類關於細胞物質循環的舊有觀點，提出了自噬作用的許多新發現。他

利用麵包酵母找到與自噬作用有關的關鍵基因，闡明酵母菌體內自噬作用的機制，並且發現相似的過程也同樣存在於人類細胞內。

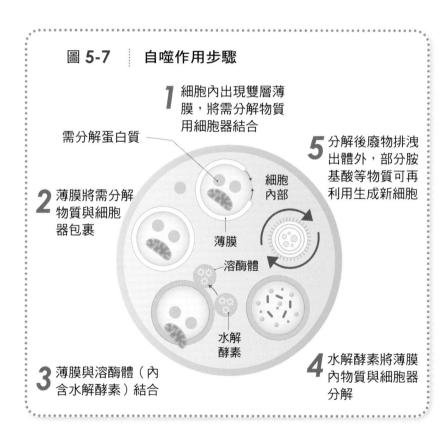

圖 5-7　　自噬作用步驟

1 細胞內出現雙層薄膜，將需分解物質用細胞器結合

需分解蛋白質

5 分解後廢物排洩出體外，部分胺基酸等物質可再利用生成新細胞

細胞內部

2 薄膜將需分解物質與細胞器包裹

薄膜

溶酶體

3 薄膜與溶酶體（內含水解酵素）結合

水解酵素

4 水解酵素將薄膜內物質與細胞器分解

近年自噬現象如此受到重視，在其與人體許多疾病有密切關聯有關。它不僅與細胞衰老密切相關，對老年失智的形成具有重要影響，許多調節自噬的藥物被用於癌症治療的研

究中，因此，如何提高自噬的水平，可能成為預防腫瘤的重要方法之一。

知 識 小 百 科

自噬怎麼來的？

西元1960年代就已發現細胞能夠消滅自身內部物質，確立溶酶體（LysoSome）是細胞內自噬作用的主角，而「自噬」（Autophagy）這個的名稱也在此時被確定出來。

1974年，克勞德（Cloude）及其團隊運用電子顯微鏡及超速離心機，開啟了細胞生物學的研究，並第1次提出了溶酶體的構造及功能，開始有了自噬的概念，因而獲得了諾貝爾生理醫學獎。

1990年代，則是由酵母中自噬相關基因的鑑定，找出了自噬相關的機制。終於在2016年，日本的大隅良典博士因對自噬研究的卓越貢獻，被授予了諾貝爾生理醫學獎，這顯示自噬作用的相關研究已進入實用的範圍，假以時日，勢必對人類健康做出更多貢獻。

此外，自噬也和糖尿病有關。有研究指出，正常人每天需要更換受損或死亡的蛋白質大約198公克～283公克，製造新細胞約需每天71公克蛋白質，所以，每天食入的蛋白質約10%已足夠，攝入過多蛋白質反而會影響廢棄物的排出，影響自噬作用，受損細胞累積就成為糖尿病或腫瘤之源。這也是為何好的脂肪酸攝取量要占40%的原因。

綜合來說，自噬作用的研究等於是為人類的健康突破開了一扇窗，目前已知自噬被認為是細胞損傷和衰老累積的主要原因之一；此外，還參與免疫防禦功能、神經變性、腫瘤癌症的形成，甚至與代謝疾病以及心血管疾病等重大疾病都有關。

每日斷食17小時：啟動自噬

諸多研究顯示，飢餓或斷食時，肝臟內儲存的脂肪酸燃燒所產生的BHB酮體，除了有明顯地抗發炎反應外，還有延遲血管老化的作用，而血管老化正是衰老的萬病之源。

西元2019年12月26日，新英格蘭醫學雜誌（The New England Journal of Medicine；簡稱NEJM）發表了1篇論文，內容是檢討了過去所有有關減肥的論文。該論文發現，每個人適合的減肥方式可能有所不同，但對於間歇性斷食卻都有著正面的評價。

此話怎講？這是因為上古時代人類以漁獵維生，必須捕獲獵物才能飽餐一頓，平時沒有獵物就多為飢餓狀態，血糖的變動較少，不至於妨礙健康。但隨著人類進入農業社會和

工業社會，食物的產量日漸穩定且數量日漸上升，進食愈來愈規律，血糖的變動也愈來頻繁，導致人類的健康水準日益下降。不過，那時候並不知道進食規律會對健康產生影響，直到近年來斷食對健康的幫助研究愈來愈多後，才知道斷食的好處。

其實，斷食也可以做得相對輕鬆，每天晚餐（晚上7點）到隔天早餐（早上7點）就等於斷食了12個小時，只要增加5小時，讓空腹時間達到17個小時，也就是進食的時間集中在中午12點～晚上7點這段時間，就能進入生酮階段，產生不錯的效果。

如果想要減肥的人，尤其是中廣身材、肚子很大者，表示有內臟脂肪堆積，晚餐一餐斷食最有效。如果容易餓，中餐可以吃一點五花肉或肥一點的雞、牛排；同時，一開始可以從1週2天進行，再慢慢做到1週7天，如此循環漸進下來，就會驚喜的發現肚子消下去了。這一點，有糖尿病傾向者會特別有感覺。

另外，如果只是想輕度減肥，不吃早餐對於晚起的人會

比較容易，網路上許多有趣的視頻討論生酮飲食，筆者覺得做法太過激烈，必須是病情比較嚴重的患者，在醫生指導下為之，一般人能做到只吃兩餐，效果就很明顯了。

那麼，下午茶或宵夜呢？當然不可以，頻繁進食會不停刺激胰島素分泌，造成醣類代謝紊亂，以往的減肥方法，總是由總熱量下手，認為只要吃得少，消耗得多，就是減重良方，然卻大多失敗，您想通了嗎？

如何正確預防
失智症與健忘症

正常年輕男性平均腦容量約1200C.C.，從20歲開始，腦細胞就會開始減少，一般到70多歲平均約減少180C.C.。據統計，腦容量減少10%以上，就會有記憶減退現象。

但有些人雖然腦有萎縮，記憶並未減退多少，用磁核共振（MRI）檢查，發現這類人大腦的海馬迴（Hippocampus）神經細胞沒有減少，血中腦源性神經營養因子（BDNF蛋白）這種大腦中含量最豐富的蛋白質，可以促進神經元的生長、突觸的成形，使海馬迴肥大。

這種重要的蛋白是由肌肉生產出來，由血液送到全身，當然也會送到腦部，惟有持續運動可以使肌肉送出的腦源性神經營養因子增加，改善記憶。

65歲以上的老人即將是世界上人口比例成長最快速的年齡層，而此族群亦是罹患失智症的高風險群。糖尿病代謝症候群中的心血管疾病，或是因為不適當的飲食、運動不足，造成肌肉及骨骼流失的肌少症、骨質疏鬆症，偏食或素食引發的維生素B12不足，常常驗血時看不出來，只有檢查腦脊髓液（CSF）可以得知。

　　同時，近年來生產食物的環境變差，各種化肥、殺蟲劑、農藥、環境汙染，使得天然食物中各種礦物質如鈣、鎂、鉀、鐵、銅及維生素B2、C含量下降，老年人胃酸分泌下降，吸收不良，容易造成精神緊張、抽筋、睡眠不足。因此，除了堅持正確的飲食方式之外，也建議必須要補充維生素B12，但要注意的是，單純口服人體吸收率不佳，最好是靜脈注射高濃度維生素B12才能進入神經系統。

打呼是老人失智易被忽視的原因

　　另一個常被人忽視的原因是，老年人因呼吸道周圍軟組織鬆弛塌陷，造成打呼或睡眠呼吸中止症，最簡單的治療方式是在床的兩側放置抱枕，經常使用側睡姿勢，就可以大幅改善。如太嚴重，也可以睡止鼾枕來治療，否則睡眠時造成

短暫性缺氧，絕對是老年人失智非常容易被忽視的原因。

一項來自英國的研究，發現間歇性斷食（每週選2天且只攝取600大卡熱量）對老年人的神經突觸生長有增加效果，老人的認知及記憶力會有所上升。日本醫界推薦的4大類預防失智症食物可以正確攝取：大豆及其製品；乳製品如優格、起司；蔬菜；海苔及海帶芽（富含鉀、鎂）。

如果已有輕微失智或健忘怎麼辦？

大致上，65歲以上的老人有20%以上多少有這個問題，腦中堆積過多廢棄物，會殺死神經細胞是原因之一。這種被稱為 β 澱粉蛋白的凝固物在正常年輕人腦中也都有，只是它會被腦中血循環搬走，不會堆積，但老人腦中此種廢棄物的堆積量甚至可比年輕人多上25倍。這是因為老人少運動加上血管硬化，血管的搏動下降，大腦中 β 澱粉蛋白無法排入血管中被清除，而此點已在動物實驗中被證實。那麼，我們應該如何提升血管搏動？以下提供3個方法給大家參考。

（1）持之以恆運動，尤其多做腹式呼吸：根據美國維吉尼亞大學研究顯示，每天散步不到400公尺的老人，比每

天步行大約3公里的老人罹患失智症的機率高出77%。台北榮總神經科胡漢華教授提倡的腹式呼吸法，或坐、站、躺平皆可，吸氣時腹部膨出，可以導引腦脊髓液流動，幫助腦中 β 澱粉蛋白等廢棄物排出效果亦是極為顯著的。

（2）多吃提升血管搏動食物：這種食物最為人稱道的即是紅酒、紅葡萄皮、藍莓、樹莓、桑椹、帶皮花生等含有白藜蘆醇（Resveratrol）者。食用一陣子後再去檢測血中 β 澱粉蛋白濃度，如果提升了，則可證明腦中堆積量下降了。

（3）提升腦中神經生長因子含量：神經生長因子（Nerve-growth Factor，簡稱NGF）分布於腦、神經節、虹膜、肌肉等全身組織中。提升這種生長因子的方法提供以下兩種：一是因為手掌部位神經受體最多，可每天搓毛巾10分鐘，讓毛巾上的粗顆粒可以刺激神經生長因子的分泌，或是多做手部運動，並交替使用左右手，鍛鍊較弱的一邊。二是研究發現，常食用地中海飲食的人，失智症會減少40%，所以應該少吃垃圾食物，並多吃富含Omega-3魚油的鯖魚等青背魚。

肌少症與骨質疏鬆 影響不可忽視

肌少症

肌肉和骨骼撐起人類的各種活動，大家都了解運動對肌肉和骨骼的重要，卻忽略了它們在新陳代謝所扮演的角色。肌肉是肝臟以外重要的肝醣儲存器官，等於是調節血糖的大水庫，老年人由於糖尿病或慢性腎病，加上胃酸分泌下降，80歲以上的族群肌少症約占3成而不自知。

筆者常鼓勵年紀大的朋友一定要常去健身房，每天做15～20分鐘輕微的重量訓練，就會有很好的效果了。這是因為肌肉細胞也是有自噬功能的，不讓它負重或承載壓力，則筋膜之間的幹細胞隨著老化會愈來愈少，一旦形成肌少症後要再恢復並不容易，最終還會影響代謝，形成惡性循環就麻煩了。

骨質疏鬆

提到骨質疏鬆很多人立刻聯想到「鈣」及「維生素D3」，認為只要補充以上兩項，「骨密度」就應該沒有問題，再加上驗血、驗尿鈣及維生素D的數值大致OK就放心了。但為何還有很多老人家仍有骨質疏鬆和骨折的危險？

日本醫界流行所謂的「骨頭生鏽」說法。因為，骨頭的主要成分50%是鈣，另外還有膠原蛋白，如果代謝出了問題，高血糖會造成部分膠原蛋白「糖化」，導致骨頭不夠柔軟，失去彈性，好比康固力（水泥）構造，水泥沒問題，鋼筋卻斷了，這種骨頭當然一碰就斷了。

膠原蛋白除了骨頭以外，全身的結締組織中都有，約占人體總蛋白質的20%，有很強的伸張能力，是韌帶的主要成分，皮膚膠原蛋白老化就會出現黑斑、皺紋，血管的膠原蛋白老化，血管硬化就會形成高血壓、中風等。除了糖的代謝造成膠原蛋白的老化外，另一個重要原因就是所謂「活性氧物質ROS」（Reactive oxygen species）的負面作用。

其實，身體中存在適量的活性氧物質是維持生命所必需

的，如白血球活化時可產生超氧陰離子與過氧化氫等活性氧物質，可幫助白血球滅菌。至於活性氧物質會不會對人體造成傷害，主要決定於體內產生活性氧物質與體內抗氧化防禦系統間能否平衡，然而，這種平衡會因疾病、營養或代謝不良、老化…等因素遭到破壞，造成細胞的傷害或死亡。對付骨質疏鬆的對策有以下4種：

❶ 運動，這個效果最大，每天至少要有20分鐘中強度運動

❷ 攝取含豐富抗氧化物質的食物，也就是抗自由基的食物

❸ 適量補充維生素E、C、β胡蘿蔔素…等

❹ 遠離輻射、空氣汙染、菸害…等

重量訓練

　　肌肉的量固然會隨著年紀增加或罹患慢性病而減少，但諸多研究顯示，只要增加鍛鍊肌肉的「阻抗力運動」，也就是所謂的重量訓練，就能把肌肉練出來。如此一來，不只能明顯降低死亡率，即使是90歲以上的長者，只要在專業人士的指導下，進行的重量訓練也會有幫助。至於鍛鍊的部位則建議以大腿肌、臀肌為優先，因為這兩個地方是全身肌肉最多的地方，只要適當鍛鍊就能預防跌倒。另外，同時在運動

後補充優質蛋白質，更有事半功倍的效果。

　　許多65歲以上的老人常誤解「運動」就是跑步，甚或「走路」，每天達標即可。其實，如果能加上些許「重量訓練」，使肌肉量不流失，甚至增加，才是抗老化的「最大祕訣」。筆者的球友中，有許多人每天打球，有充足的「有氧運動」，心肺功能正常，但因懶於「負重的重量訓練」，也就明顯有肌肉隨著老化流失的現象，實是美中不足。

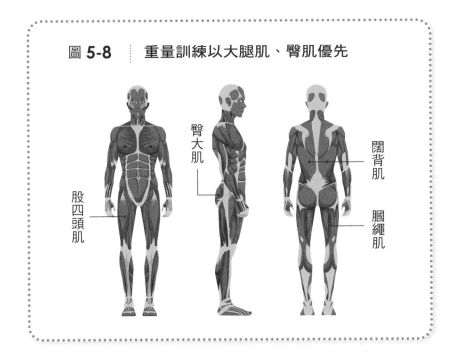

圖 5-8　重量訓練以大腿肌、臀肌優先

臀大肌

股四頭肌

闊背肌

膕繩肌

防止老化
5大醫學知識不可不知

端粒酶的發現

2009年諾貝爾生理醫學獎由伊莉莎白‧布雷克本（Elizabeth H. Blackburn）、卡羅爾‧格雷德（Carol W. Greider）與傑克‧紹斯塔克（Jack W. Szostak）3位科學家因為發現在細胞分裂的過程中，端粒（Telomere）如何保護染色體不致使基因鈍化而獲獎。

染色體末端的端粒結構，就好似鞋帶尾端收緊的塑膠頭一般，每次細胞分裂後端粒就會縮短一點，終至細胞凋亡。而細胞中又存在著另一特殊序列的DNA對端粒起著保護作用，這便是端粒酶（Telomerase）。端粒酶是蛋白質和核糖核酸的結合體，可在每次細胞分裂端粒縮短後複製並增長端粒，進而延長細胞生命。

但是，人類細胞不可能無限量的分裂，人類細胞的端粒酶是被抑制的。布雷克的學生卡羅爾‧格雷德有了一個突破性研究，是發現重新激活端粒酶，能夠使老化的人類細胞「返老還童」，繼續分裂下去。

不過，要小心的是，過於活躍的端粒酶能導致細胞分裂失調而形成腫瘤，因此，有些專家嘗試用藥物或疫苗來抑制端粒酶，從而消滅腫瘤細胞。目前已確知的是，端粒酶的縮短和多種老化疾病如動脈硬化（腦梗、心梗）、失智症（腦及海馬迴萎縮）、糖尿病有關。什麼因素會加速端粒酶縮短？答案是精神壓力影響最大，代謝不良次之。布雷克提出的保持端粒長度的方法，也是長壽之道，有以下4點：

（1）正念療法（不要用負面思考來面對各種狀況）

（2）打坐，也就是呼吸療法

（3）多吃抗氧化的蔬果

（4）運動

長壽荷爾蒙 DHEA

這個簡稱DHEA的荷爾蒙（或稱抗壓荷爾蒙）全名為「脫氫異雄固酮」（dyhydroe-piandrosterone），是由腎上

腺分泌，也是人體內最多的固醇類荷爾蒙，能夠轉換為男、女性荷爾蒙等50種以上的荷爾蒙，因此，也被稱為超級荷爾蒙。其作用包括強化肌肉、穩定產生性荷爾蒙、維持體內礦物質平衡、擴張血管、預防老化等。

DHEA的生成量在20歲到頂，之後逐漸減少，到了75歲時，只剩下青春期的10%～20%。日本醫界曾找來3位百歲人瑞，發現他們的DHEA特別高，甚至比起一般人的平均值都年輕了30～40歲。研究分析他們的生活特點可以發現，一是生活不能有壓力，擁有特殊興趣以及目標的生活方式；二是大量攝取腎上腺素最需要的維生素C食物，如蔬菜、葡萄…等。另外，運動能增加一定程度的肌肉，也能促進DHEA的產生與分泌，但在補充市售的DHEA營養品前，應先與醫師討論及諮詢。

SOD（superoxide dismutase）

SOD就是超氧化物歧化酶，我們身體每天會產生500萬活性單位的SOD-Like酵素，它能去除多餘的自由基，也是一種酵素型抗氧化劑，是身體對抗外在惡劣環境的第一道重要防線，只是30歲之後隨著身體老化，SOD酵素活性亦逐年降

低，50歲時僅剩一半。

在食物中，大豆、芝麻與穀物胚芽尤其菇菌含量較高，目前市面上以生物技術方法製成的產品林林總總，但最有效的方法是「增加身體的肌肉量」，SOD分泌自然增加。據日本山形大學2016年論文指出，人進入中年心肌柔軟度會下降，心搏出血量可減少達3分之1，SOD可使心肌柔軟，搏出量增加。因此，SOD分泌愈多，壽命愈長。

骨橋蛋白（Osteopontin）

骨橋蛋白（簡稱OPN）為帶負電的非膠原性骨基質糖蛋白，廣泛的分布於多種組織和細胞中，探討它的作用和影響的論文非常多，總之，就是一種加速全身老化的有害物質。

研究發現，骨密度及認知機能差的人，血中骨橋蛋白甚至高達正常的3～4倍，主要原因在於身體免疫細胞功能下降，細胞本身出現變異，分泌骨橋蛋白引起全身各處發炎，如果檢查免疫細胞變異的比率可達40%之多，會引起老化。至於免疫細胞變異主要有3大因素：（1）內臟脂肪過高；（2）壓力；（3）腸內細菌不正常。

百歲人瑞7大優良習慣

　　重點分別如下：一、吃東西時細嚼慢嚥，咀嚼肌可促進腦部血液循環，預防失智症及影響腸神經，促進腸內菌活動；二、保持規律運動，使肌力不消退，血糖不易升高；三、固定參加老人的社交活動；四、維持食物種類多樣性，使腸內菌種類增加；五、規律生活，可讓腸道保持放鬆，有益腸內菌成長；六、維持一種不花錢的興趣，清除壓力；七、愛乾淨、勤洗手，不把病菌、病毒帶回家，減少病毒感染，因為動脈硬化和細菌、病毒引發的發炎反應有關。

圖片來源：作者 / 出處
圖5-1：© Giovanni Cancemi / Adobe Stock
圖5-2：© dmnksandsk / Adobe Stock
圖5-3：© vasilisatsoy / Adobe Stock
圖5-4：© achiichiii / Adobe Stock
圖5-5：© Melissa Tsai Design
圖5-6：© Dušan Zidar / Adobe Stock
圖5-7：© Melissa Tsai Design
圖5-8：© bukavik / Adobe Stock

總結提醒
4個健康觀念

本單元對健康養生方面提供了大家很多的建議，這裡再總結成以下4點，做為提綱挈領的提醒。

首先，不要有負面思想的價值觀與人生觀，盡量減少壓力；第二、假如你有肥胖，尤其是內臟脂肪過多者，或有三高（高血糖、高血壓、高血脂），請認真考慮「間歇性斷食」療法；第三、除了步行或一些有氧運動外，一定要做「肌力阻抗」運動，也就是重量訓練，每週最少3次，每次15分鐘；第四、醫學界已經證實，多食用青背魚（如鯖魚、秋刀魚、鮪魚等），其魚油中含有EPA及DHA，而EPA可以加強血中高密度脂蛋白（HDL-C）清除堆積在血管壁上低密度脂蛋白（LDL-C）的能力，使阻塞的血管打通，這對高血壓、動脈硬化及冠心病患者是大好消息。

兩位89歲偉人帶給我們的啟示

◆ 蔡茂林

人類初生的嬰兒期，身體的各個部位已具雛形，隨後只是生長、放大而已，惟有大腦皮質部分處於演化的最前端，也是最後完成的部分。皮質內各種軸突的連結愈來愈多且複雜，伴隨著各種肢體運動、語言、邏輯，抽象的思想學習過程，成為一個融入社群生活的一份子，透過大腦中樞控制各種荷爾蒙的分泌、調節，完成繁衍下一代的任務。

回顧人類歷史上的天才型偉人，如牛頓、愛因斯坦、貝多芬等創新的、抽象的偉大發現與創作，多半是在20多歲青年期，大腦皮質發展末期有所突破。

在波浪人生過程中，優秀的尖端人物多在34歲到55歲功成名就，筆者曾舉例馬英九、陳水扁與郭台銘3位同齡成功人士為例，說明費氏數列在人生轉折的重要，過了13年，看來似有道理吧！

費氏數列89似乎是人類壽命的大關卡，各位同意吧？！利用重力場帶動演化的力量是長壽的秘訣，由於大腦皮質位於演化的尖端，持續使皮質軸突連結有所突破是最簡易利用重力場的長壽之道。反之，如不具備此種能力，老人失智的嚴重性，就不必贅述了。

世界級的股神－華倫・巴菲特

華倫・巴菲特（Warren Edward Buffett）生於1930年，今年90歲。1956年，26歲時開始他的事業，2008年成為全球富豪排名第一，當時78歲，足以證明他是55歲過了之後仍不退休，近30年來事業呈現大爆發，被世人尊稱為「股神」，慷慨地捐出99%的財產，呈現出他的無比愛心。

2020年新冠肺炎疫情，致使他的基金蒙受500億美元損

失，他說：「這樣的行情，我89年來沒有看過。」對於投資，他暫時「停、看、聽」。其實，這位偉人講的這句話，是否在提醒我們89年這一重要的轉折年呢？對於已年過90的他來說，相信已意識到應該退休、頤養天年了吧！

創造台積電的奇蹟－張忠謀

　　張忠謀生於1931年，今年89歲。張先生的奇蹟應該可代表著人類演化史上的一個重大突破，54歲的他雖然位居德州儀器公司副總裁高位，但並不認為人生已到頂點，反而得遇伯樂李國鼎先生，於56歲前後，第1次來到台灣創立台積電，並於2005年74歲時退休。

　　回想2008年金融海嘯時，台積電在當時也受到影響，宣布辭退一批員工引發抗議，那時張先生召回這些員工，並且在2009年6月宣布回任台積電執行長，這種似父親愛護子女之心對待所有員工，加上數十年他自己的人脈、能力，終於使台積電成為世界排名第一的半導體公司，可謂真正的台灣之光。

張董事長於2017年再次正式退休，避開了89歲走向高點的轉折，如今只要他快樂的享受人生，台積電就像有位老祖父的偉大精神罩著，未來在世界上還會繼續發光、發熱。

偉人的共同特質

- 強大的創新企圖心，洞察時勢，把握機會，絕不放棄。
- 正直的人格，優異的專業能力，人脈廣且能突破困難。
- 55歲以後仍能衝刺事業，其伴侶照顧起居，居功厥偉。
- 沒有功利為主的思想，對於身邊所有的人付出愛心。

這兩位偉人歸納起來有上述共同特質，值得後人景仰、效法，也證明了人類55歲到89歲，仍能夠努力向上，所得到的成就絕不亞於世界級的偉人。

投資菁英系列 1

2021
世紀大轉折

國家圖書館出版品預行編目（CIP）資料

2021世紀大轉折 / 林隆炫, 蔡茂林合著. -- 初版. -- 臺北市：
飛凡文化, 2020.10
　　面；　公分. -- (投資菁英系列；1)
ISBN 978-986-99648-0-7(平裝)

1.股票投資 2.投資分析 3.投資技術 4.健康法

563.53　　　　　　　　　　　　　　　　109016025

作　　者／林隆炫、蔡茂林
總 策 劃／金　淼
統籌主編／鄭明娟
執行編輯／葉燕佩
編輯主任／周美娟
責任編輯／黃于珊
編　　輯／王湘妤

美術總監／陳安綺
美術編審／張汝蕙
美術主任／吳直穎
美　　編／張琪雯、孫秀琴
發 行 部／張至滿 主任
　　　　　陳美惠 副主任
管 理 部／陳錫燕 財務主任
　　　　　林宜湘、何敏娟 會計
　　　　　黃淑玲 行政主任
　　　　　許靜怡、趙淑儀 行政專員

出版發行／飛凡文化事業股份有限公司
　　　　　台北市松山區光復北路 11 巷 33 號 3 樓
　　　　　讀者服務專線：（02）2766-2888、（02）2766-0800
　　　　　傳真：（02）2761-1036、（02）2747-1508
　　　　　劃撥帳號：50436960
　　　　　戶名：飛凡文化事業股份有限公司

封面設計／吳直穎
內頁設計／吳直穎
圖像設計／Melissa Tsai
圖片提供／Adobe Stock（圖 1-1、1-2、1-4、1-5、1-6、1-9、1-10、1-13、1-14、1-15、
　　　　　5-1、5-2、5-3、5-4、5-6、5-8）、Melissa Tsai（圖 1-12、5-5、5-7）
文字整理／梁志君、劉健宇
製版印刷／祥博興業股份有限公司
出版日期／2020 年 10 月　初版 8 刷／2020 年 12 月
定　　價／新台幣 1000 元
ISBN：978-986-99648-0-7

和您一起
預約一個
幸福的未來

幸福就是擁有財富以及健康的身體，

樂健非凡正是由愛護身體健康為出發點，

並以 安心健康 品質認證 價格公道

3大核心精神，

打造食在安心的營養保健食品。

 0800-066-680

（立即訂購就送幸福美優惠價）

❞ **心動不如馬上行動** ❞

更多優惠請上
非凡優購網

健康是財富的基礎，擁有健康的身體，才有健康幸福快樂的人生～

Health is the best wealth

＋ 樂健非凡
投資健康 快樂非凡

非凡電視台在財經品牌經營逾 25 年，專業穩健的企業風格有目共睹，

提供國人投資訊息的好夥伴，希望大眾不但累積財富、更要全方位保健，

因此在 2020 年創立非凡電視全新自有營養保健食品品牌。

創辦人有感於最好的投資就是健康，因此首推【樂健非凡】系列，

特為自己家人及員工所創立，嚴選把關製造優良的健康食品，

樂健非凡由愛護自己身體健康為出發點，

延伸照顧生活中的親人、同事和朋友，

以「安心健康」「品質認證」「價格公道」三大核心精神，

打造食在安心的營養保健食品。

依據現代人的健康需求，我們不斷努力吸收最新保健觀念與資訊，

做出最好的產品，願意為大家的健康盡一份心力，

達到保養及健身的目的，讓大眾吃得安心，放心食用。

為自己及家人創造一個幸福的未來！